Justiça

Justiça

DOS SISTEMAS ÀS REDES. PARADIGMAS DA MODERNIDADE

2020

Alberto Febbrajo
Fernando Rister de Sousa Lima
Orlando Villas Bôas Filho

JUSTIÇA
DOS SISTEMAS ÀS REDES. PARADIGMAS DA MODERNIDADE

Autores: Alberto Febbrajo, Fernando Rister de Sousa Lima, Orlando Villas Bôas Filho
Diagramação: Almedina
Design de Capa: FBA
ISBN: 9786556270043

Dados Internacionais de Catalogação na Publicação (CIP)
(Câmara Brasileira do Livro, SP, Brasil)

Febbrajo, Alberto
Justiça: dos sistemas às redes: paradigmas da modernidade / Alberto Febbrajo, Fernando Rister de Sousa Lima, Orlando Villas Bôas Filho. – São Paulo: Almedina Brasil, 2020.

Bibliografia
ISBN 978-65-5627-004-3

1. Acesso à justiça 2. Estado democrático 3. Desenvolvimento econômico 4. Direito constitucional 5. Direitos fundamentais I. Lima, Fernando Rister de Sousa. II. Villas Bôas Filho, Orlando. III. Título.

20-34973 CDU-342.7

Índices para catálogo sistemático:

1. Acesso à justiça: Direito constitucional 342.7

Maria Alice Ferreira – Bibliotecária – CRB-8/7964

Este livro segue as regras do novo Acordo Ortográfico da Língua Portuguesa (1990).

Maio, 2020

Editora: Almedina Brasil
Rua José Maria Lisboa, 860, Conj. 131 e 132, Jardim Paulista | 01423-001 São Paulo | Brasil
editora@almedina.com.br
www.almedina.com.br

SOBRE OS AUTORES

Alberto Febbrajo

Professor Titular Aposentado de Sociologia do Direito da *Università degli Studi di Macerata* (UNIMC) – Itália, instituição na qual já foi Reitor, Diretor da Faculdade de Direito e Chefe de Departamento. Coeditor da Revista Italiana de *Sociologia del Diritto*. Graduado e Doutor em Direito pela *Università degli Studi di Pavia* – Itália. Foi pesquisador visitante na Universidade de Berlim e Friburgo na Alemanha.

Fernando Rister de Sousa Lima

Professor Doutor da Faculdade de Direito da Universidade Presbiteriana Mackenzie (UPM). Professor Permanente do Mestrado em Direito da Sociedade da Informação e da Escola de Direito das Faculdades Metropolitanas Unidas (FMU). Pós-Doutorado pelo Departamento de Filosofia e Teoria Geral do Direito da USP com período de pesquisa na *Goethe Universität Frankfurt am Main* e na *Università degli Studi di Firenze*, com auxílio financeiro da Universidade Presbiteriana Mackenzie (UPM). Doutor em Filosofia de Direito e do Estado pela PUC-SP com estágio doutoral sanduíche na *Università degli Studi di Macerata*, com bolsa da CAPES. Mestre em Direito pela PUC-SP com período como pesquisador visitante na *Università degli Studi di Lecce*, com auxílio financeiro do Centro de Estudos sobre o Risco da Universidade de Estudos de Lecce. Coordenador de Estágios e Protagonismo Estudantil da Universidade

Presbiteriana Mackenzie (UPM). Editor-executivo da Revista Direito Mackenzie (RDM). Membro do Colégio Docente do Doutorado em Direito da *Università degli Studi di Firenze* (UNIFIL). Presidente da Associação Brasileira de Pesquisadores em Sociologia do Direito (2018-2019).

Orlando Villas Bôas Filho
Professor Doutor da Faculdade de Direito da Universidade de São Paulo (FD/USP). Professor Associado da Faculdade de Direito da Universidade Presbiteriana Mackenzie (UPM). Foi professor da Faculdade de Direito da Universidade Federal de Mato Grosso do Sul – UFMS e da Sociedade Brasileira de Direito Público (SBDP). Graduado em História pela Faculdade de Filosofia, Letras e Ciências Humanas da Universidade de São Paulo (FFLCH/USP). Licenciado em História pela Faculdade de Educação da Universidade de São Paulo (FE/USP). Graduado em Direito pela Faculdade de Direito da Pontifícia Universidade Católica de São Paulo (PUC/SP). Graduado em Filosofia pela Faculdade de Filosofia, Letras e Ciências Humanas da Universidade de São Paulo (FFLCH/USP). Mestre em Direito pela Faculdade de Direito da Universidade de São Paulo (FD/USP). Doutor em Direito, pela Faculdade de Direito da Universidade de São Paulo (FD/USP). Pós-Doutorado em Direito na *Université de Paris X* – Nanterre, França. Pós-Doutorado em Filosofia na *École Normale Supérieure de Paris*, França. Correspondente lusófono na América Latina do *Réseau Européen Droit et Société*. Membro do Comitê Editorial da *Revue Droit et Société* (*Revue Internationale de Théorie du Droit et de Sociologie Juridique*). Recebeu o Prêmio Capes de Teses em 2007 (concedido à melhor Tese de Doutorado defendida no Brasil, em 2006, na área do Direito). Foi pesquisador pleno do Centro Brasileiro de Análise e Planejamento (CEBRAP).

NOTA DOS AUTORES

O presente livro é fruto de uma rede de pesquisa formada, entre outros, pelos autores, de modo a vincular o Programa de Pós-graduação em Direito Político e Econômico da Universidade Presbiteriana Mackenzie (UPM) por meio o seu Grupo de Pesquisa "Direito, Sociedade e Concepções de Justiça" da linha de pesquisa Cidadania Modulando o Estado, o Programa de Pós-graduação em Direito da Faculdade de Direito da Universidade de São Paulo (USP) na linha de pesquisa Antropologia, Democracia e Teoria Social, a Faculdade de Direito da Universidade de Estudos de Macerata (UNIMC) e o Mestrado em Direito da Sociedade da Informação das Faculdades Metropolitanas Unidas (FMU), mediante o seu Projeto de Pesquisa "Cidadania e Controle Social no Estado Democrático de Direito". Parte dos projetos de pesquisa que resultaram nesta publicação contaram com financiamento para eventos da FAPESP (2018), CNPQ (2018), da CAPES (2018 e 2019) e da FACEP (2019), bem como da UPM (2019) na modalidade auxílio pesquisa/evento no exterior. Agradece-se efusivamente aos imprescindíveis apoios das referidas agências e instituição de ensino citadas, sem os quais a referida rede de pesquisa internacional nunca se concretizaria.

São Paulo/ Macerata, março de 2020 em plena pandemia global do Coronavírus.

Faculdade de Direito da Universidade Presbiteriana Mackenzie.
Faculdade de Direito da Universidade de Macerata
Faculdade de Direito da Universidade de São Paulo.
Escola de Direito das Faculdades Metropolitanas Unidas.

SUMÁRIO

1.
Introdução

No primeiro dia de aula do primeiro semestre da disciplina Teoria Geral do Direito – ou sob a nomenclatura de "Introdução ao Estudo do Direito" (IED)[1] –, os professores costumam indagar aos seus alunos a respeito dos motivos que os levaram a cursar a Faculdade de Direito. A resposta, quase sempre, gira em torno da busca por justiça ou outro valor que materialize esse sentimento. Isso ocorre, pois, como sublinha René Sève, baseando-se nas pesquisas do psicólogo Laurent Bègue, os indivíduos tendem a manifestar uma preferência por um "mundo justo".[2]

[1] Algumas instituições recentemente adotaram a nomenclatura "Teoria Geral do Direito", como a Faculdade de Direito da Universidade Presbiteriana Mackenzie (FDIR-UPM), outras "Teoria do Direito" e boa parte ainda conserva as tradicionais "Introdução ao Estudo do Direito" ou "Introdução à Ciência do Direito".

[2] Cf. SÈVE, René. *Philosophie et théorie du droit.* Paris: Dalloz, 2007, p. 86. Para uma interessante análise da gênese das noções de justiça no desenvolvimento cognitivo, ver: LEBOVICI, Serge. De la justice qui vient à l'esprit. In: BARANÈS, William; FRISON-ROCHE, Marie-Anne (Dir.). *La justice*: obligation impossible. Paris: Les éditions autrement, 1994, p. 16-27. Para uma excelente análise da concepção da justiça como virtude, ver: COMTE-SPONVILLE, André. *Petit traité des grandes vertus.* Paris: Presses Universitaires de France, 1995, p. 91-127.

Ademais, o vernáculo corrente no cotidiano forense diz respeito à justiça ou à injustiça de determinada decisão.[3] Trata-se, além disso, de uma ideia que se encontra profundamente enraizada nas representações de senso comum, ensejando, inclusive, posturas de descrédito relativamente à administração formal da justiça.[4] Portanto, estudar a questão da justiça[5] se afigura como fundamental e atual,[6] mesmo diante da progressiva secularização do mundo social e político no Ocidente e do desenvolvimento da economia capitalista, com seus inquestionáveis reflexos sobre o indivíduo e sobre o Estado, que, como se sabe, alteraram por completo

[3] A respeito, ver, por exemplo, WEBER, Alain. Pratiques: danse avec les juges. In: BARANÈS, William; FRISON-ROCHE, Marie-Anne (Dir.). *La justice*: obligation impossible. Paris: Les éditions autrement, 1994, p. 187-192.

[4] Cf. BÉAL, Arnaud; KALAMPALIKIS, Nikos; FIEULAINE, Nicolas; HAAS, Valérie. Expériences de justice et représentations sociales: l'exemple du non-recours aux droits. *Les cahiers internationaux de psychologie sociale*, nº 103, p. 549-573, 2014.

[5] Na temática justiça, encontram-se as mais diversas posições sobre o tema, seja no plano da Teoria do Direito, da Filosofia ou mesmo da Sociologia Jurídica. Entre tantos, convém mencionar Hans Kelsen, que se debruçou sobre o assunto de forma exauriente e possui diversos trabalhos. Para o mestre de Viena, a justiça absoluta não é cognoscível pela razão humana. Sendo, pois, o ideal de justiça algo subjetivo, chega-se à beira da irracionalidade. Até o presente, ressaltam-se livros já traduzidos para a língua portuguesa: KELSEN, Hans. *O que é justiça?* Trad. Luis Carlos Borges. São Paulo: Martins Fontes, 1998; KELSEN, Hans. *O problema da justiça*. 3. ed. Tradução João Baptista Machado. São Paulo: Martins Fontes, 1998; KELSEN, Hans. *A ilusão da justiça*. Trad. Sérgio Tellardi. 2. ed. São Paulo: Martins Fontes, 1998. Ao contrário, John Rawls valora a justiça e a coloca como condição de mantença das leis. Significa dizer: leis e instituições devem ser reformadas ou abolidas quando são injustas. Porém, ressalta ser uma injustiça tolerável se for crucial para evitar injustiça maior. (RAWLS, John. *Uma teoria da justiça*. Trad. Almiro Pisetta e Lenita M. R. Esteves. São Paulo: Martins Fontes, 1997). Sobre a justiça, ver p. 7, da qual se transcreve o seguinte trecho: "Para nós o objeto primário da justiça é a estrutura básica da sociedade, ou mais exatamente, a maneira pela qual as instituições sociais mais importantes distribuem direitos e deveres fundamentais e determinam a divisão de vantagens provenientes da cooperação social.".

[6] A respeito, Bruno Oppetit, por exemplo, afirma que "il nous apparaît difficile aujourd'hui de concevoir le droit sans l'imaginer dans un certain rapport avec la justice" (OPPETIT, Bruno. *Philosophie du droit*. Paris: Dalloz, 1999, p. 35). Em sentido semelhante, Benoît Frydman e Guy Haarscher ressaltam que "la philosophie juridique a toujours eu pour objet non seulement la question du droit, mais celle de la justice." (FRYDMAN, Benoît; HAARSCHER, Guy. *Philosophie du droit*. 2e édition. Paris: Dalloz, 2002, p. 11).

a estrutura social contemporânea e, com ela, a ideia do justo.[7] Nessa nova configuração, o direito positivo não está mais fundamentado em valores imutáveis;[8] pelo contrário, a constante alternância do seu conteúdo passa a demandar uma nova forma de legitimação.[9] É, aliás, nesse sentido que, referindo-se à configuração assumida pelo direito na sociedade contemporânea, Jürgen Habermas levanta a seguinte questão:

> "onde se fundamenta a legitimidade de regras que podem ser modificadas a qualquer momento pelo legislador político? Esta pergunta torna-se angustiante em sociedades pluralistas, nas quais as próprias éticas coletivamente impositivas e as cosmovisões se desintegraram e onde a moral pós-convencional da consciência, que entrou no seu lugar, não oferece mais uma base capaz de substituir o direito natural, antes fundado na religião ou na metafísica."[10]

Não cabe aqui analisar a concepção de racionalidade procedural sustentada por Habermas e nem muito menos a sua tese acerca do processo democrático de criação do direito como expressão da única fonte pós-metafísica capaz de legitimá-lo, uma vez que isso implicaria uma

[7] LUHMANN, Niklas. *La differenziazione del diritto.*A cura di Rafaelle De Giorgi. Milano: Mulino, 1990, p. 315-316.

[8] Segundo Niklas Luhmann, nesse ambiente social, a função do direito, em um breve resumo, ao longo da história, tem-se centrado em educar, sanar e punir. O aplicador da norma constrói uma decisão com intuito de educar o infrator: a pena deve ser suficiente, e não mais do que isso, para ensiná-lo a não mais repetir a conduta, segundo a clássica conquista iluminista. O Estado obriga o causador do ilícito a indenizar o dano e assim oferece à vítima uma restauração ao estado anterior à lesão. Ora, é preciso punir o agente delituoso, substituindo o particular que o faria pela justiça privada, como uma prestação de contas sociais. As regras foram desrespeitadas; é preciso vingar o Estado e a sociedade. LUHMANN, Niklas. *La differenziazione del diritto*, p. 315. Ver ainda, ora sob o foco das decisões judiciais, mas também a partir de um enfoque histórico, WAMBIER, Teresa Arruda Alvim. Brevíssima retrospectiva histórica, para desembocar no "Estado de direito", no direito codificado e na tripartição das funções dos poderes (O princípio da legalidade e a necessidade de motivação das decisões). *In*: WAMBIER, Teresa Arruda Alvim (coord.). *Controle das decisões judiciais por meio de recursos de estrito direito e de ação rescisória*. São Paulo: Revista dos Tribunais, 2001. p. 13-98.

[9] LUHMANN, Niklas. *La differenziazione del diritto*, p. 319.

[10] HABERMAS, Jürgen. *Direito e democracia*: entre facticidade e validade. Tradução de Flávio Beno Siebeneichler. Rio de Janeiro: Tempo Brasileiro, 1997, v. 2, p. 308.

digressão incompatível como os propósitos deste livro.[11] O que importa notar aqui é o processo de progressiva corrosão de uma concepção metafísica e universal de justiça como fundamento de validade das ordens jurídico-positivas. Essa questão é muito bem explicitada na seguinte assertiva de Hans Kelsen:

> "um direito positivo não vale pelo fato de ser justo, isto é, pelo fato de sua prescrição corresponder a uma norma de justiça – e vale mesmo que seja injusto. A sua validade é independente da validade de uma norma de justiça. [...] A norma de justiça que prescreve um determinado tratamento dos homens constitui um valor absoluto quando surge com a pretensão de ser a única válida, isto é, quando exclui a possiblidade de qualquer outra norma que prescreva um diferente tratamento dos homens. Uma tal norma de justiça, constitutiva de um valor absoluto, apenas pode [...] provir de uma autoridade transcendente – e é como tal que ela se coloca em face do direito enquanto sistema de normas que são postas através de atos humanos na realidade empírica. Então surge um característico dualismo: o dualismo entre uma ordem transcendente, ideal, que não é estabelecida pelo homem mas lhe está supraordenada, e uma ordem real estabelecida pelo homem, isto é positiva. É o dualismo típico de toda a metafísica."[12]

Essa alteração paradigmática, consistente na progressiva erosão de seu fundamento axiológico em uma suposta norma de justiça, interfere intensamente no processo de decisão legal, pois deixa de ser possível limitar as interpretações normativas, mediante o seu balizamento a partir de valores supostamente universais. Com isso, a possibilidade decisional

[11] A respeito, ver, por exemplo: HABERMAS, Jürgen. *Direito e democracia*: entre facticidade e validade. Tradução de Flávio Beno Siebeneichler. Rio de Janeiro: Tempo Brasileiro, 1997; HABERMAS, Jürgen. *Escritos sobre moralidad y eticidad*. Tradução de Manuel Jiménez Redondo. Barcelona: Paidós, 1998, p. 131-172. Para uma sintética análise da teoria da justiça de Habermas, ver: FRYDMAN, Benoît; HAARSCHER, Guy. *Philosophie du droit*, p. 24-27.

[12] KELSEN, Hans. *A justiça e o direito natural*. Tradução de João Baptista Machado. 2ª edição. Coimbra: Armênio Amado Editor, 1979, p. 90. Para uma excelente análise da obra de Kelsen, inclusive no que tange a essa questão, ver: DIAS, Gabriel Nogueira. *Positivismo jurídico e a teoria geral do direito na obra de Hans Kelsen*. São Paulo: Editora Revista dos Tribunais, 2010, p. 61 e ss.

das controvérsias jurídicas, em todos os âmbitos, torna-se desvinculada de um sistema axiológico tido como superior.[13]

De todo modo, é inequívoco que o conceito de justiça é parte integrante da reflexão jurídico-filosófica desde a Antiguidade.[14] Isso ocorre, pois, como sublinha Arthur Kaufmann, "toda a filosofia do direito deve – direta ou indiretamente – servir à missão de separar o direito do não direito/injustiça. Daí resultarem as duas perguntas fundamentais da

[13] VILLAS BÔAS FILHO, Orlando. Da ilusão à fórmula de contingência: a justiça em Hans Kelsen e Niklas Luhmann. In: PISSARA, Maria Constança Peres; FABRINI, Ricardo Nascimento (coord.). *Direito e filosofia*: a noção de justiça na história da filosofia. São Paulo: Atlas, 2007. p. 141-142. A respeito, partindo de uma outra perspectiva, Celso Lafer afirma que "na medida em que o Direito contemporâneo assinala-se pelo processo de contínua mudança, as características de universalidade e imutabilidade com as quais igualmente trabalha o jusnaturalismo se esfumam diante da prática. [...] Assim, o Direito foi deixando de ter como função operacional qualificar condutas, distinguindo-as entre *bona in se* e *mala in se* a partir de uma estreita vinculação entre Direito e Moral, em consonância com o paradigma do Direito Natural, pois assumiu basicamente um papel técnico-instrumental de gestão da sociedade ao permitir, proibir, comandar, estimular e desestimular comportamentos. Essa gestão exprime-se por um Direito assinalado pela mutabilidade e pela particularidade." LAFER, Celso. *A reconstrução dos direitos humanos*: um diálogo com o pensamento de Hannah Arendt. São Paulo: Companhia das Letras, 1999, p. 47.

[14] Cf. JAEGER, Werner. *Paideia*. Tradução de Joaquín Xirau e Wenceslao Roces. México: Fondo de Cultura Económica, 1987, p. 500 e ss. Acerca da questão da justiça na Antiguidade, ver, por exemplo: BALAUDÉ, Jean-François. Instituer le bien. La problématique philosophique de la justice dans l'Antiquité (Platon, Aristote, Épicure). In: WOTLING, Patrick (Dir.). *La justice*. Paris: Vrin, 2007, p. 9-34. COMTE-SPONVILLE, André. *Petit traité des grandes vertus*, p. 95-98; FERRAZ JR., Tercio Sampaio. *Estudos de filosofia do direito*: reflexões sobre o poder, a liberdade, a justiça e o direito. 3. ed. São Paulo: Atlas, 2009, p. 161-247; KELLY, John M. *Uma breve história da teoria do direito ocidental*. Tradução de Marylene Pinto Maciel. São Paulo: Martins Fontes, 2010, p.1-101; REALE, Miguel. O direito e o justo no crepúsculo da cultura helênica. In: ______. *Horizontes do direito e da história*. 3ª ed. revisada e aumentada. São Paulo: Saraiva, 2000, p. 32-44; VILLEY, Michel. *A formação do pensamento jurídico moderno*. Tradução de Claudia Berliner. São Paulo: Martins Fontes, 2009, p. 15-74. Para importantes análises históricas acerca da justiça, ver, por exemplo: JOHNSTON, David. *Breve história da justiça*. Tradução de Fernando Santos. São Paulo: Martins Fontes, 2018, p. 17 e ss.; MACINTYRE, Alasdair. *Justiça de quem? Qual racionalidade?* Tradução de Marcelo Pimenta Marques. 2ª edição. São Paulo: Loyola, 2001. Para um panorama da reflexão filosófica acerca da justiça, ver, por exemplo: BESSONE, Magali. *La justice*. Paris: Flammarion, 2000. Por fim, para uma sintética análise etimológica do termo justiça na Antiguidade clássica, ver: GOBRY, Ivan. *Le vocabulaire grec de la philosophie*. Paris: Ellipses, 2000, p. 36-37.

filosofia do direito: 1. O que é o direito correto? 2. Como reconhecemos ou realizamos o direito correto? Estas duas perguntas juntas conduzem à pergunta acerca da justiça como critério valorativo para o direito positivo e, como tal, à pergunta sobre a validade do direito."[15] Neste contexto, apesar da incerteza de suas possíveis interpretações, o conceito de justiça ainda parece capaz de desempenhar um papel essencial, geralmente caracterizado da seguinte maneira: fornecer um ponto de vista externo, mas não estranho à ordem,[16] a partir do qual torna-se possível obter um guia para a aplicação das regras jurídicas, bem como para a sua avaliação crítica. É nesse sentido que Otfried Höffe afirma que:

> "Na Grécia antiga, sobretudo em Atenas, acontece algo que há muito nos parece óbvio na 'perspectiva da história universal', mas que é extraordinário: leis ou mesmo formas de estado nao são mais reconhecidas cegamente ou são recusadas no caso de excessiva dureza e injustiça. As circunstâncias políticas são expostas a uma discussão conceitual-argumentativa e se tornam objeto de uma crítica filosófica. A crítica filosófica pode proceder de diversos pontos de vista. Ali, onde ela é determinada por uma ideia de uma obrigação suprapositiva, principalmente a ideia de eticidade, a tradição ocidental fala de direito natural na modernidade, também de um direito de razão, e mais neutramente [sic], de justiça política. Com a ideia da justiça política, as leis e as instituições políticas são submetidas, portanto, a uma crítica ética."[17]

Contudo, se a lei muda constantemente sob a pressão de novas demandas, o que pode sugerir novos conteúdos regulatórios, a aspiração de

[15] KAUFMANN, Arthur. A problemática do direito ao longo da história. In: KAUFMANN, Arthur; HASSEMER, Winfried (Org.). *Introdução à filosofia do direito e à teoria do direito contemporâneas*. Tradução de Marcos Keel e Manuel Seca de Oliveiro. Lisboa: Fundação Calouste Gulbenkian, 2002, p. 57.

[16] Como ressalta Mary Douglas, "no single element of justice has innate rightness: for being right it depends upon its generality, its schematic coherence, and its fit with other accepted general principles. Justice is a more or less satisfactory intellectual system designed to secure the coordination of a particular set of institutions." DOUGLAS, Mary. *How institutions think*. York: Syracuse University Press, 1986, p. 114.

[17] Cf. HÖFFE, Otfried. *Justiça política*: fundamentação de uma filosofia crítica do direito e do Estado. Tradução de Ernildo Stein. Petrópolis: Vozes, 1991, p. 15.

alcançar uma coincidência parcial entre direito e justiça em um nível transcendente, não se preocupa apenas com uma reflexão filosófica que vai além da leitura oportuna e mecânica dos textos normativos, mas também com as escolhas contingentes dos diferentes intérpretes, institucionais e não institucionais, do direito.[18]

Pelo exposto, o conceito de justiça, em suas diversas figurações teórico--filosóficas, parece ser colocado em um nível mais elevado do que o da ordem jurídico-positiva, tanto para a perspectiva operacional, iluminando os tomadores de decisão legais em seu trabalho de interpretação, quanto para a perspectiva meta-histórica que pode se desenvolver enquadrando o direito mutável do presente em um contexto mais abstrato de referência.[19] Nessa perspectiva, a nova lei não deve, de fato, ser considerada, por esta mesma razão, como necessariamente melhor do que a anteriormente em vigor, pois, se colocada em uma perspectiva crítico-axiológica, também pode vir a ser considerada menos justa.[20]

A ideia de justiça conforta tanto os operadores como os destinatários das regras que navegam no mar não sem os riscos da lei. Se é visível apenas às vezes, através das nuvens de necessidades especiais, nem por isso deixa de nos ajudar a manter o curso. Um observador externo, no entanto, pode considerar que a "estrela polar" seja simplesmente uma projeção elaborada pelos próprios marinheiros a partir da influência de condições ambientais ou de inclinações subjetivas destinadas a mudar ao longo do tempo. É nesse sentido que Manuel Atienza afirma que:

[18] Cf. FRYDMAN, Benoît; HAARSCHER, Guy. *Philosophie du droit.* 2e édition. Paris: Dalloz, 2002, p. 11.

[19] A respeito, por exemplo, HÖFFE, Otfried. *Justiça política*: fundamentação de uma filosofia crítica do direito e do Estado, p. 75 e ss.

[20] Nesse particular, vale notar que Habermas, distinguindo "teoria do direito" e "filosofia do direito", afirma que "a teoria do direito, ao contrário das teorias filosóficas da justiça, movimenta-se nos limites de ordens jurídicas concretas. Extrai os seus dados do direito vigente, de leis e casos precedentes, de doutrinas dogmáticas, de contextos políticos da legislação, de fontes históricas do direito, etc. Ao contrário da filosofia, a teoria do direito não pode desprezar os aspectos resultantes do nexo interno entre direito e poder político, principalmente a questão da permissão jurídica para o emprego da força legítima por parte do Estado. De outro lado, a teoria do direito, unindo-se à dogmática jurídica, privilegia a perspectiva jurídica." HABERMAS, Jürgen. *Direito e democracia*: entre facticidade e validade. Tradução de Flávio Beno Siebeneichler. Rio de Janeiro: Tempo Brasileiro, 1997, v. 1, p. 243-244.

"es cierto que el jurista no carece en su travesía de puntos de referencia, pero tampoco cuenta con ninguna estrella polar que le indique inequívocamente el camino a seguir, pues no todas las señales apuntan en la misma dirección o, si se quiere, las mismas señales son entendidas de maneras distintas, quizás también porque no todos los caminantes buscan llegar al mismo sitio."[21]

Referindo-se ao conceito de justiça, Luis Martínez Roldán e Jesús A. Fernández Suárez, a partir de um recuo histórico, sustentam que tal conceito teria se expressado, fundamentalmente, em duas dimensões distintas: uma subjetiva e outra objetiva. Assim, ressaltam que, na primeira delas, a justiça seria considerada uma virtude pessoal, ou seja, enfocada como uma qualidade daquelas pessoas que teriam disposição de ânimo para realizar o que é justo. Segundo os autores, essa concepção teria preponderado na Antiguidade e na Idade Média. Por outro lado, em sua segunda dimensão expressiva, a justiça teria sido tomada como critério de valoração da conduta humana no que concerne à sua adequação social. Nessa segunda acepção, já percebida por Aristóteles, o tema da justiça passaria a implicar a alteridade, a proporcionalidade, a igualdade etc., de modo a poder definir-se como aquilo que exprimiria o *suum cuique tribuere*.[22]

Feita essa distinção, Luis Martínez Roldán e Jesús A. Fernández Suárez propõem uma classificação das distintas teorias da justiça a partir de três grandes grupos: a) "teorias cognoscitivas" (*cognoscitivistas*), associada a autores como Platão, Aristóteles, São Tomás de Aquino, Max Scheler e Nicolai Hartmann; b) "teorias não cognoscitivas" (*no cogonoscitivistas*), relacionadas a autores com Hans Kelsen, Alf Ross, Roberto José Vernengo e Felix E. Oppenheim; c) "teorias intersubjetivas" (*intersubjectivistas*), expressa, sobretudo, por autores como Chaïm Perelman, Ilmar Tammelo, Robert Alexy, John Rawls e Jürgen Habermas. Evidentemente que essa classificação, dado o seu contorno fortemente generalista, é lacunar e relativamente vaga. Contudo, a despeito disso, permite uma apreensão

[21] ATIENZA, Manuel. *Tras la justicia*. Barcelona: Ariel, 2012, p. IX.

[22] Cf. MARTÍNEZ ROLDÁN, Luis; FERNÁNDEZ SUÁREZ, Jesús A. *Curso de teoría del derecho*, p. 216-217. No que tange ao pensamento aristotélico acerca da justiça, ver: FERRAZ JUNIOR, Tercio Sampaio. *Estudos de filosofia do direito*: reflexões sobre o poder, a liberdade, a justiça e o direito, p. 161-230.

consequente, ainda que em termos superficiais, de distintas formas de teorização acerca da justiça.[23]

As "teorias cognoscitivas", expressas em toda a tradição jusnaturalista de inspiração aristotélico-tomista, partem da premissa de que o ser humano seria capaz de descobrir os princípios básicos da ação, em meio aos quais aqueles relacionados à justiça. Deste modo, esta última passa a ser considerada um "valor objetivo" que, enquanto tal, seria passível de cognição a partir das faculdades racionais ou da intuição que, cada uma a seu modo, conduziriam os indivíduos a "dar a cada um o que é seu", "tratar os iguais de modo igualitário e os desiguais de forma desigual" etc. Entretanto, segundo Luis Martínez Roldán e Jesús A. Fernández Suárez, esses princípios de justiça seriam, em si mesmos, meramente formais de modo a implicar uma delimitação material acerca do que é ou não justo em cada situação.[24] Referindo-se ao pressuposto fundamental que sustenta as "teorias cognoscitivas", Michel Troper observa, especialmente no que tange à tradição jusnaturalista, que o "cognitivismo ético", ou seja, a tese de que existiriam valores objetivos e, enquanto tal, cognoscíveis, é objeto de intensa crítica.[25]

As "teorias não cognoscitivas" assumem um posicionamento crítico a respeito das especulações relativas aos valores e à justiça. Nessa perspectiva, rejeita-se, por não se considerar racionalmente sustentável, a existência de um conceito de justiça caracterizado por um conteúdo indubitável e objetivo, perfeitamente definido e, enquanto tal, cognoscível por todos. Ao contrário, os autores nela inscritos caracterizam-se pela assunção de um "relativismo axiológico", pois consideram que a pluralidade de visões de mundo enseja a relativização do conceito de justiça, impossibilitando que lhe sejam atribuídas qualidades próprias de um arquétipo ideal para a aferição valorativa da validade das ordens jurídicas positivas. Aliás, é comum que os partidários das "teorias não cognitivistas" associem a justiça a uma dimensão emotiva que, enquanto

[23] Cf. MARTÍNEZ ROLDÁN, Luis; FERNÁNDEZ SUÁREZ, Jesús A. *Curso de teoría del derecho*, p. 214 e 217-223.

[24] Cf. MARTÍNEZ ROLDÁN, Luis; FERNÁNDEZ SUÁREZ, Jesús A. *Curso de teoría del derecho*, p. 214 e 218.

[25] Cf. TROPER, Michel. *La philosophie du droit*. 2e édition. Paris: Presses Universitaires de France, 2008, p. 19.

tal, seria irracional. O pensamento de Hans Kelsen é particularmente ilustrativo dessa perspectiva.

Segundo Luis Martínez Roldán e Jesús A. Fernández Suárez as dificuldades ínsitas a essas às teorias "cognitivistas" e "não cognitivistas" teriam conduzido à elaboração das "teorias intersubjetivas", por eles consideradas como expressão de uma postura intermediária entre as duas teorias precedentes e consistente em uma tentativa de "reabilitação da razão prática".[26] Trata-se, assim, de uma tentativa de reconstrução da lógica dos juízos de valor para, a partir dela, desenvolver um procedimento capaz de os tornar fundamentais e suscetíveis de um consenso racional. Conforme os autores, essa perspectiva, tomada em sentido amplo, encontraria uma expressiva ilustração nas obras de Chaïm Perelman, Ilmar Tammelo e John Rawls e, no que tange ao campo específico da argumentação jurídica, nas "teorias da argumentação jurídica" de Jürgen Habermas e Robert Alexy.[27]

Comparado a isso, qual pode ser a posição do sociólogo do direito? Desde logo, é preciso notar que – em contraste com a forma de argumentação do filósofo, que muitas vezes adquire um caráter predominantemente dedutivo – o raciocínio do sociólogo, independentemente dos resultados alcançados, tende a ser predominantemente indutivo e aberto ao estudo dos diferentes contextos culturais estudados.[28]

As seguintes observações, do último ponto de vista, visam desenvolver uma definição sociológica do conceito de justiça que forneça ferramentas que permitam uma avaliação crítica do conteúdo das normas positivas com base em variáveis socialmente relevantes. Para tanto, empreender-se-ão esforços para estabelecer conexões que liguem o conceito de justiça a outros conceitos frequentemente usados na sociologia para controlar

[26] Segundo os autores, "los esfuerzos se sitúan hoy día en una vía intermedia, bajo el rótulo de lo que ya habitualmente se conoce como la rehabilitación de la razón práctica, es decir, ver si los juicios de valor que expresan distintas opciones de justicia pueden ser dotados de un fundamento racional, de una racionalidad que nos permita cualificar a los juicios de valor de correctos o incorrectos y, en definitiva, de acertados o equivocados." Cf. MARTÍNEZ ROLDÁN, Luis; FERNÁNDEZ SUÁREZ, Jesús A. *Curso de teoría del derecho*, p. 220.

[27] Cf. MARTÍNEZ ROLDÁN, Luis; FERNÁNDEZ SUÁREZ, Jesús A. *Curso de teoría del derecho*, p. 220.

[28] A respeito, ver, por exemplo: DOUGLAS, Mary. *How institutions think*, p. 91 e ss.

criticamente os padrões positivos; além disso, tentar-se-á definir, utilizando as ferramentas da teoria dos sistemas, tanto na versão original de seu criador Niklas Luhmann, como na versão elaborada por Gunther Teubner, um conceito sociológico de justiça que inclua algumas das principais características que a adoção sociológica da teoria dos sistemas implica para o conceito de direito.

Com efeito, o objeto deste livro é justamente descrever sociologicamente a justiça como "fórmula de contingência" (*Kontingenzformel*) do sistema jurídico.[29] Para desenvolver essa empreitada, utilizar-se-ão conceitos extraídos da teoria dos sistemas, em razão desta ter buscado fornecer subsídios para a avaliação da consistência das decisões judiciais, mediante o autocontrole do subsistema do direito.[30] Como procurar-se-á demonstrar, a teoria dos sistemas supera a tese do jusnaturalismo[31] e, ainda, evita o risco de um reducionismo decisório sem compromisso com a função do sistema jurídico.[32] Este avanço em relação aos positivistas e

[29] Luhmann utiliza o termo *Rechtssystem* (sistema jurídico ou sistema do direito). Gunther Teubner, por exemplo, define o direito como "um sistema autopoiético de segundo grau, autonomizando-se em face da sociedade, enquanto sistema autopoiético de primeiro grau, graças à constituição auto-referencial dos seus próprios componentes sistêmicos e à articulação destes num hiperciclo". TEUBNER, Gunther. *O direito como sistema autopoiético*. Tradução de José Engracia Antunes. Lisboa: Fundação Calouste Gulbenkian, 1993, p. 53.

[30] A respeito, Hugues Rabault ressalta que "comme le montre Luhmann, le droit est un système, non seulement dans l'esprit des théoriciens, mais aussi en pratique. En ce sens, le travail théorique sur le droit ne doit être vu comme le propre de quelques juristes officiant dans les universités, mais comme un phénomène profondément juridique. 'L'èvolution du droit, pense Luhmann, présuppose le développement d'une dogmatique juridique, qui permet et garantit la consistance de la décision juridique'." RABAULT, Hugues. La Théorie juridique de Niklas Luhmann: le droit comme sémantique. In: RABAULT, Hugues. *Un monde sans réalité ? En compagnie de Niklas Luhmann*: épistemologie, politique et droit. Québec: Presses de l'Université de Laval, 2012, p. 329.

[31] Cabe notar que Otfried Höffe critica a estreiteza da visão de Luhmann acerca do jusnaturalismo. Cf. HÖFFE, Otfried. *Justiça política*: fundamentação de uma filosofia crítica do direito e do Estado, p.147. Para excelentes sínteses das teorias jusnaturalistas, ver, por exemplo: TUCK, Richard. *Natural rights theories*: their origin and development. Cambridge: Cambridge University Press, 1995; WEINREB, Lloyd L. *Natural law and justice*. Cambridge, Massachusetts: Harvard University Press, 1987.

[32] CAMPILONGO, Celso. *Governo representativo "versus" governo dos juízes*: a "autopoiese" dos sistemas político e jurídico. Belém: UFPA, 1998. p. 56; LUHMANN, Niklas. *Das Recht der*

à desqualificação daqueles (jusnaturalistas) talvez tenha sido responsável pela sua classificação como neopositivista, com a ressalva de que os luhmannianos não aceitam tal rótulo.

Contrastando-se com as teorias convencionais, a teoria dos sistemas, ao caracterizar a justiça em termos de uma "fórmula de contingência", elide qualquer atuação cunhada sob valores ideais de modo a simplesmente não adentrar os campos da virtude e dos princípios. A matriz luhmanniana da justiça, portanto, destoa por completo da alusão ao direito natural por não acreditar que a própria natureza seja justa, ao menos compreensível a olhos nus, daí não existir obrigatoriamente uma relação entre o justo e o natural.[33] Por isso, em vez de presunções sobre a natureza, criam-se suposições de autoespecificações como conclusão circular. Vale notar que as "fórmulas de contingência", vistas de todos os subsistemas, referem-se à diferença entre indeterminado e determinado.[34] O caminho para observar o inobservável é substituir uma diferença por unidade, uma vez que as diversas possibilidades comunicativas (contingência) também fazem parte do subsistema do direito.[35] Assim, a decisão jurídica, na ótica da teoria sistêmica, é uma norma que representa um critério de solução.

Gesellschaft. Frankfurt am Main: Suhrkamp, 1993, p. 219-220 [trad. ingl., p. 214-215; trad. esp., p. 281.; trad. port., p. 291-292].

[33] LUHMANN, Niklas. *Das Recht der Gesellschaft*, p. 219-220 [trad. ingl., p. 214-215; trad. esp., p. 281.; trad. port., p. 291-292].

[34] Luhmann utiliza, de forma recorrente, o termo *Teilsystem* para se referir aos diversos sistemas funcionais que compõem a sociedade moderna. Esse termo é comumente traduzido, para o português, como "subsistema" ou "sistema parcial". Neste livro, optou-se por traduzi-lo como "subsistema".

[35] LUHMANN, Niklas. *Das Recht der Gesellschaft*. Frankfurt am Main: Suhrkamp, 1993, p. 220 [trad. ingl., p. 215; trad. esp., p. 282.; trad. port., p. 292].

QUADRO 1
Diferentes subsistemas funcionais e seus respectivos códigos, funções, programas, fórmulas de contingência, núcleo institucional e *medium*[36]

Funcionais Subsistemas	**Função**	**Código**	**Programa**	**Fórmula de Contin-gência**	***Medium***	**Núcleo Institucional**
Religião	Eliminação da contingência	Imanência/ Transcen-dência	Revelação, Sagradas Escrituras, Dogmática	Deus	Fé	Igreja
Direito	Estabili-zação das expectativas normativas	Lícito/ Ilícito	Programas condicionais (normas jurídicas/ leis)	Justiça	Direito	Tribunal
Educação	Seleção para carreiras	Melhor aprendizado/ Pior aprendizado	Currículos educa-cionais e planos de ensino		*Currículum vitae*	Sistema educativo
Política	Estabele-cimento de decisõescole-tivamente vinculantes	Governo (Poder)/ Oposição (Não-poder)	Programas governa-mentais / ideologia	Legitimidade política	Poder	Partidos, Adminis-tração, Público
Economia	Redução da escassez	Ter/não-ter (pagamento/ não-paga-mento)	Programas finalistas / Orçamentos	Escassez	Dinheiro	Empresas Sistema financeiro
Ciência	Produção de novos conheci-mentos	Verdade/ Falsidade	Teorias e métodos	Limitacio-nalidade	Verdade	Institutos de Pesquisa, Universidades e Laboratórios

[36] O presente quadro sintetiza dois quadros propostos por Detlef Krause. A espeito, ver: KRAUSE, Detlef: *Luhmann-Lexikon. Eine Einführung in das Gesamtwerk von Niklas Luhmann mit 27 Abbildungen und über 500 Stichworten.* Stuttgart, Ferdinand Enke Verlag, 1999, p. 36-37. Para uma concisa descrição dos diversos subsistemas esquematicamente enfocados neste quadro, ver, especialmente: LUHMANN, Niklas. *Ecological communication.* Tradução de John

O quadro proposto – ao contrastar o subsistema do direito com outros subsistemas sociais que, tal como ele, detêm códigos, programas, funções, fórmulas de contingência, núcleos institucionais e *mediums* específicos – permite compreender em que medida a teoria dos sistemas "funcionaliza" a noção de justiça ao concebê-la como uma "fórmula de contingência".[37]

Bednarz. Chicago: University of Chicago Press, 1989, p. 51-105. A respeito, ver também: CORSI, Giancarlo; ESPOSITO, Elena; BARALDI, Cláudio. *Glosario sobre la teoria social de Niklas Luhmann*. Tradução Miguel Romero Pérez y Carlos Villalobos. México: Universidad Ibero Americana, 1996.

[37] Vale notar que o quadro proposto se cinge aos subsistemas funcionais analisados por Luhmann, não sendo, portanto, exaustivo. Os quadros propostos por Detlef Krause – além da moral, das normas e dos valores – também abrange o que o autor designa de "outros sistemas sociais" (*andere Sozialsysteme*), tais como a família, a arte, os meios de comunicação de massa, as relações íntimas e os movimentos sociais. Cf. KRAUSE, Detlef: *Luhmann-Lexikon. Eine Einführung in das Gesamtwerk von Niklas Luhmann mit 27 Abbildungen und über 500 Stichworten*, p. 36-37.

2.
A especificidade da descrição sociológica proposta por Niklas Luhmann

Em seu livro *Das Recht der Gesellschaft*, Niklas Luhmann, ressalta que, tanto na tradição do "Direito Civil Romano" (*Tradition des römischen Zivilrechts*) como na da *Common Law*, teriam se desenvolvido "teorias jurídicas" (*juristische Theorien*) dos mais variados tipos. O impulso para tanto teria advindo, fundamentalmente, de duas frentes: a primeira, ligada à "prática jurídica" (*Rechtspraxis*), direcionar-se-ia à condensação de sentido visando a fundamentação de decisões mais sólidas e consistentes. A segunda, voltada ao "ensino jurídico" (*Rechtsunterricht*), teria tido por escopo a elaboração de sistematizações e conceituações para a formação dos juristas. Assim, as "teorias do direito" (*Rechtstheorien*), surgidas tanto da "prática jurídica" como do "ensino jurídico", seriam expressões, tal como ocorre com os textos do direito vigente, da forma pela qual o direito se apresenta como resultado de interpretações. Constituiriam, portanto, uma forma de autodescrição (*Selbstbeschreibung*) do sistema jurídico.[38]

Segundo Luhmann, mais recentemente, no âmbito da autodescrição do sistema jurídico, teriam surgido novas iniciativas que não estariam circunscritas à "dogmática jurídica" (*Rechtsdogmatik*) e à "filosofia do direito"

[38] Cf. LUHMANN, Niklas. *Das Recht der Gesellschaft*, p. 9 e ss. [trad. ingl., p. 53 e ss.; trad. esp., p. 61 e ss.; trad. port., p. 11 e ss.].

(*Rechtsphilosophie*). Tais iniciativas estariam, segundo ele, articuladas ao redor do rótulo de "teoria do direito", no singular (*Rechtstheorie*).[39] Nesse sentido, tal como as "teorias dogmáticas" e a "filosofia do direito", a "teoria do direito", apesar de exprimir novas tendências, constituiria expressão de uma "perspectiva interna do sistema jurídico" (*Binnenperspektiven des Rechtssystems*). Assim, também a "teoria do direito" estaria atrelada ao conceito de norma como "conceito fundamental" (*Grundbegriff*). Tratar-se-ia assim de uma "teoria reflexiva" do sistema jurídico.[40]

Para Luhmann, a "teoria do direito" (*Rechtstheorie*), conexa às autodescrições do sistema jurídico, expressaria, portanto, esforços teóricos que, apesar de críticos, submetem-se ao direito e declaram sua adesão às obrigações das normas correspondentes. Essa característica seria comum tanto às "teorias jurídicas" (*juristische Theorien*), desenvolvidas, sobretudo, a partir da prática casuística e referidas a princípios gerais, como às "teorias da reflexão" (*Reflexionstheorien des Rechtssystems*), que representam o valor específico da produção do direito e o sentido de sua autonomia. Por esse motivo, mesmo que essas formas de autodescrição do

[39] Em sentido semelhante, Michel Troper, distinguindo "filosofia do direito" da "teoria geral do direito", ressalta que esta última aparece no século XIX, influenciada pelo positivismo e pelo empirismo, como uma reação ao caráter especulativo da filosofia do direito até então praticada. Por isso, a chamada "teoria geral do direito" conceberia a "filosofia do direito" como expressão de considerações metafísicas que não seriam capazes de uma fundamentação científica. Nesse sentido, enquanto reação, a "teoria geral do direito" caracterizar-se-ia, em primeiro lugar, pela pretensão de enfocar o direito real, tal como existe efetivamente, sem especular acerca de seus fundamentos metafísicos ou ideais, decorrendo daí sua tendência de associar o direito à sua forma estatal/positiva de expressão e, em segundo lugar, pela busca de uma análise de caráter puramente descritivo de seu objeto, fundada em métodos científicos, com a renúncia a qualquer julgamento de valor. Entretanto, Troper também observa que essa distinção não é absoluta e sim, ao contrário, historicamente datada. Por esse motivo, considera que, na atualidade, as expressões "filosofia do direito" e "teoria geral do direito" possam ser tomadas como sinônimas. TROPER, Michel. *La philosophie du droit*. Paris: Presses Universitaires de France, 2008, p. 12. A respeito, ver também: MACEDO JUNIOR, Ronaldo Porto. Teoria, filosofia e dogmática jurídica: rigor e método. In: MACEDO JUNIOR, Ronaldo Porto (Org.). *Teoria do direito contemporânea*: temas e autores. Curitiba: Juruá, 2017, p. 17-35. VILLAS BÔAS FILHO, Orlando. O desenvolvimento dos estudos sociojurídicos: da cacofonia à construção de um campo de pesquisa interdisciplinar. *Revista da Faculdade de Direito da USP*, São Paulo, v. 113, p. 261-265, jan./dez. 2018.

[40] Cf. LUHMANN, Niklas. *Das Recht der Gesellschaft*, p. 11 [trad. ingl., p. 54-55.; trad. esp., p. 64; trad. port., p. 14].

sistema jurídico possam atingir altos níveis de abstração, elas se manteriam indissociavelmente ligadas à distinção entre fato e norma, que não é a que baliza o conhecimento científico.[41]

Não é esse o "lugar" em que se situa a descrição que Luhmann empreende acerca do direito. Segundo ele, seria possível indicar outra maneira, completamente distinta, de utilizar o conceito de teoria no âmbito de uma abordagem estritamente científica.[42] Essa outra maneira de abordagem, que ostenta pretensões científicas, se colocaria como uma forma de observação e de descrição externa do direito, que o concebe não como uma ordem normativa, mas, ao contrário, em termos factuais. Trata-se do âmbito da sociologia que, ao observar e descrever o direito a partir de uma perspectiva externa, o toma como fato e não como norma.[43]

Essa distinção é muito bem ilustrada pelo quadro sinótico proposto por Donald Black na obra *Sociological Justice*, reproduzido na nota 95 do capítulo 11 do livro *Das Recht der Gesellschaft*, no qual Luhmann analisa a autodescrição do sistema jurídico.[44]

[41] Por essa razão, Luhmann afirma que seria possível indicar outra maneira, completamente distinta, de utilizar o conceito de teoria, no âmbito de uma abordagem estritamente científica. A abordagem que ostenta pretensões científicas coloca-se como uma "descrição externa" (*Fremdbeschreibung*) do direito que o concebe não como uma ordem normativa, mas, ao contrário, em termos fáticos. Trata-se da perspectiva sociológica que, ao descrever o direito de fora, o toma como fato e não como norma. Cf. LUHMANN, Niklas. *Das Recht der Gesellschaft*, p. 16-18 [trad. ingl., p. 59-60; trad. esp., p. 70; trad. port., p. 21-23].

[42] Cf. LUHMANN, Niklas. *Das Recht der Gesellschaft*, p. 14 [trad. ingl., p. 57; trad. esp., p. 66.; trad. port., p. 18].

[43] Cf. LUHMANN, Niklas. *Das Recht der Gesellschaft*, p. 16-18 [trad. ingl., p. 59-60; trad. esp., p. 70; trad. port., p. 21-23].

[44] Cf. BLACK, Donald. *Sociological Justice*. New York: Oxford University Press, 1989, p. 3 e ss. *apud* LUHMANN, Niklas. *Das Recht der Gesellschaft*, p. 540. [trad. ingl., p. 457; trad. esp., p. 615; trad. port., p. 728]. A respeito, ver, por exemplo: CAMPILONGO, Celso Fernandes. *Interpretação do direito e movimentos sociais*. Rio de Janeiro: Elsevier, 2012, p. 152-153; VILLAS BÔAS FILHO, Orlando. A sociologia do direito: o contraste entre a obra de Émile Durkheim e a de Niklas Luhmann. In: *Revista da Faculdade de Direito da USP*. v. 105, p. 578-579, jan./dez. 2010; GONÇALVES, Guilherme Leite; VILLAS BÔAS FILHO, Orlando. *Teoria dos sistemas sociais*: direito e sociedade na obra de Niklas Luhmann. São Paulo: Saraiva, 2013, p. 151.

Quadro 2
Dois modelos distintos de análise do direito segundo Donald Black

	Jurisprudential Model	**Sociological Model**
Focus	Rules	Social Structure
Process	Logic	Behavior
Scope	Universal	Variable
Perspective	Participant	Observer
Purpose	Practical	Scientific
Goal	Decision	Explanation

Entretanto, apesar dessa diferença em relação às teorias que expressam a autodescrição do sistema, a sociologia do direito, como descrição externa, não pode desconsiderar o modo pelo qual seu objeto de análise se autodescreve. Deve, portanto, descrevê-lo tal como os juristas o entendem.[45] Assim, embora a abordagem sociológica do direito, por ser expressão de uma observação externa, não esteja atrelada às normas internas do sistema jurídico, não deve equivocar-se em relação ao seu objeto de análise que, segundo Luhmann, consiste em um objeto que se auto-observa e autodescreve. Nesse sentido, o compromisso com a auto-observação e a autodescrição do objeto é condição indispensável para uma "descrição empiricamente adequada" (*empirisch adäquaten Beschreibung*).[46]

Luhmann ressalta que na "clássica divisão de trabalho" entre as ciências do direito (tomadas aqui em sentido genérico como algo que abrange as teorias reflexivas do sistema jurídico, ou seja, a dogmática jurídica e a teoria do direito[47]) e a sociologia do direito, a primeira se ocuparia de normas e a segunda de fatos. Assim, a atividade do jurista estaria direcionada à interpretação e aplicação de normas enquanto a do sociólogo

[45] Nesse particular, Luhmann ressalta a insuficiência das análises empíricas convencionais da sociologia do direito em descrever adequadamente o sistema jurídico. Cf. LUHMANN, Niklas. *Das Recht der Gesellschaft*, p. 542-543 [trad. ingl., p. 458-459; trad. esp., p. 616-617; trad. port., p. 729-730].

[46] Cf. LUHMANN, Niklas. *Das Recht der Gesellschaft*, p. 18. [trad. ingl., p. 60; trad. esp., p. 70; trad. port., p. 22].

[47] A esse respeito, André-Jean Arnaud e María José Fariñas Dulce ressaltam que os termos "ciência jurídica" ou "ciência do direito" referir-se-iam ao estudo do direito realizado a partir de um ponto de vista interno. Cf. ARNAUD, André-Jean; FARIÑAS DULCE, María José. *Introduction à l'analyse sociologique des systèmes juridiques*, p. 4.

se voltaria à apreensão do contexto factual do direito, às suas condições e efeitos sociais.[48] Essa clivagem tradicional entre o âmbito das ciências jurídicas e o da sociologia do direito seria particularmente reforçado pela distinção entre os planos do "ser" e do "dever-ser".[49] Luhmann, aliás, alude a Kelsen como expressão da formulação mais explícita dessa concepção que sustenta a clivagem entre o plano da ciência do direito e o da sociologia.[50] Ora, essa situação comprometeria significativamente a possibilidade de colaboração entre sociologia do direito, de um lado, e a dogmática jurídica e a teoria geral do direito, de outro.[51]

Entretanto, segundo Luhmann, essa clivagem tradicional, expressa, sobretudo, em perspectivas que sustentam uma separação radical entre "ser" e "dever-ser", já estaria superada, na medida em que a pressão exercida de forma conjugada pela "jurisprudência dos interesses" e pela "social engineering" teria remetido a aplicação do direito a fatos que não estão previamente formulados nas normas e que deveriam ser descobertos para além de seu texto. Porém, mesmo diante da superação dessa separação radical entre "ser" e "dever-ser" e da decorrente dissolução da delimitação precisa entre o âmbito das ciências jurídicas (dogmática e teoria do direito) e o da sociologia do direito, não teria havido, segundo o autor, uma influência significativa desta sobre aquelas. O motivo determinante para isso decorreria da inexistência de uma abordagem sociológica adequada da dogmática jurídica e da teoria do direito.[52] Ora, segundo Luhmann, os aportes teóricos proporcionados pela teoria dos sistemas autopoiéticos permitiriam uma mudança nessa situação.[53]

[48] Cf. LUHMANN, Niklas. Le droit comme système social, p. 53.

[49] Cf. GIMÉNEZ ALCOVER, Pilar. *El derecho en la teoría de la sociedad de Niklas Luhmann*. Barcelona: J.M. Bosch, 1993, p. 317.

[50] Cf. LUHMANN, Niklas. Le droit comme système social, p. 53. A respeito da distinção entre «ser» e «dever-ser» na obra de Kelsen, ver: DIAS, Gabriel Nogueira. *Positivismo jurídico e a teoria geral do direito na obra de Hans Kelsen*. São Paulo: Editora Revista dos Tribunais, 2010, p. 149-154.

[51] Cf. LUHMANN, Niklas. Le droit comme système social, p. 54.

[52] Cf. LUHMANN, Niklas. Le droit comme système social, p. 53-54.

[53] A respeito, ver, especialmente: LUHMANN, Niklas. *Social Systems*. Tradução de John Bednarz. Jr. Stanford: Stanford University Press, 1995, p. 34-36, 218-221; LUHMANN, Niklas. The autopoiesis of social systems. In: LUHMANN, Niklas. *Essays on self-reference*. New York: Columbia University Press, 1990, p. 1-21.

Para analisar em que medida a teoria dos sistemas pode alterar essa situação, cabe preliminarmente notar que Luhmann não está propondo que a sociologia do direito substituía ou "sociologize" a dogmática jurídica ou da teoria do direito. Conforme já mencionado, ambas (dogmática e teoria do direito) são formas internas de reflexão ou auto-observação do sistema jurídico.[54] Cumprem, portanto, funções específicas que se voltam à própria autopoiese desse sistema. Conforme se verá mais detalhadamente adiante, para Luhmann, a dogmática jurídica consiste em uma forma de reflexão interna do sistema jurídico que se relaciona estreitamente aos problemas decisórios e que é limitada em seu grau de abstração em virtude de sua subordinação ao princípio da inegabilidade dos pontos de partida. A teoria do direito, como uma reflexão interna ao sistema jurídico, consiste em uma "abstração da abstração" capaz de questionar a própria identidade do sistema jurídico e entabular uma mediação entre a observação interna e a observação externa a ele relativas. Por sua vez, a sociologia do direito consiste em uma observação e em uma descrição externas do direito e, por esse motivo, não pode substituir, se sobrepor ou mesmo pretender ter alguma utilidade ou influência direta no sistema jurídico.[55]

[54] Na conclusão da 2ª edição de *Rechssoziologie*, Luhmann se refere à dogmática jurídica e à teoria do direito como "formas de autodescrição do sistema jurídico" (*Formen der Selbstbeschreibung des Rechtssystems*). Cf. LUHMANN, Niklas. *Rechtssoziologie*, p. 360.

[55] Cf. LUHMANN, Niklas. La restitution du douzième chameau: du sens d'une analyse sociologique du droit, p. 30-31. Esse aspecto também é ressaltado por Carbonnier. Referindo-se à especificidade da abordagem do sociólogo em relação à do jurista dogmático (ou seja, aquele que analisa o direito pelo ângulo interno), Carbonnier ressalta que "le sociologue, au contraire, demeure en dehors du système qu'il observe, ce système fût-il le sien, et l'observation qu'il en fait ne saurait le moins du monde en influencier le fonctionnement." CARBONNIER, Jean. *Sociologie juridique*. 2ᵉ édition. Paris: Presses Universitaires de France, 2008, p. 17. Sobre o pensamento de Carbonnier, ver: ARNAUD, André-Jean. *Jean Carbonnier*. Un juriste dans la cité. Paris: Librairie Générale de Droit et de Jurisprudence, 2012.

3.
Breve nota sobre o direito como sistema autopoiético

Para que se compreenda o conceito de justiça proposto por Niklas Luhmann, é fundamental que se analise, ainda que sucintamente, como ele concebe o direito e qual a função por ele desempenhada, como subsistema funcional da sociedade moderna. Essa análise é preliminar e indispensável ao tratamento por ele dado ao conceito de justiça.

Niklas Luhmann concebe o direito como um subsistema (*Teilsystem*)[56] da sociedade moderna que, em seu entendimento, caracterizar-se-ia pela fragmentação em diversos subsistemas funcionais autopoiéticos. Luhmann ressalta que a sociedade moderna, marcada pelo desvanecimento dos fundamentos cosmológicos, observar-se-ia um implemento da contingência.[57] É nesse contexto que – em posição a um direito que procurava extrair sua legitimidade de uma instância superior, como ocorria com o direito natural, concebido como uma instância imutável e universal, que fundava as regras jurídicas positivas, ao mesmo tempo em que as cris-

[56] No presente livro, o termo *Teilsystem* será traduzido como "subsistema". Outra tradução possível, aliás literal, seria "sistema parcial". Entretanto, por questão de estilo, em algumas passagens será utilizado o termo sistema como sinônimo de subsistema. Mesmo Luhmann utiliza o termo *Rechtssystem* para se referir ao direito enquanto sistema social.

[57] Cf. LUHMANN, Niklas. Tautology and paradox in the self-description of modern society, p. 133.

talizava, excluindo, assim, a mudança – surge um direito, caracterizado por sua positividade, posto e validado por decisões.[58]

Em decorrência do fechamento operacional que lhes é intrínseco, os subsistemas funcionais que compõem a sociedade moderna somente operam no âmbito de seus próprios limites e nunca fora deles. Ademais, também não podem importar as estruturas e os elementos que os constituem de seu ambiente. É claro que o fechamento operacional não implica isolamento ou indiferença solipsista do sistema em relação ao seu ambiente. O sistema é uma "forma de dois lados" (*Zwei-Seiten-Form*). O sistema se delimita-se de seu ambiente mediante operações recursivamente fechadas, a partir das quais é capaz de produzir seus componentes por meio da sua própria rede interna de componentes.

Concebido como subsistema funcional da sociedade, o direito tem a comunicação como elemento básico de sua autopoiese.[59] Contudo, a definição do direito em termos de um subsistema funcional implica, ainda, que ele, de alguma forma, seja diferenciado da sociedade da qual faz parte, pois, caso contrário, a comunicação jurídica simplesmente se dissolveria em meio ao fluxo de comunicação geral da sociedade e o direito desapareceria ou, como afirma Gunther Teubner, se tornaria socialmente difuso. Nesse sentido, Luhmann concebe o direito como um subsistema que, fundado no código lícito/ilícito (*Recht/Unrecht*), e em programas condicionais, desenvolve uma função específica no bojo da sociedade moderna, consistente em estabilizar as expectativas normativas por meio da regulação e da generalização congruente nas dimensões temporal, social e material,[60] com a autopoiese dos demais subsistemas funcionais.

[58] Cf. LUHMANN, Niklas. *Rechtssoziologie*, p. 203-204. [trad. port., v. 1, p. 236-237]; LUHMANN, Niklas. *Das Recht der Gesellschaft*, p. 38 [trad. ingl., p. 76; trad. esp., p. 94; trad. port., p. 51].

[59] Segundo Luhmann, a comunicação consiste na síntese de três operações seletivas: mensagem (*Mitteilung*), informação (*Information*) e compreensão (*Vertehen*). Vale notar que, no Brasil, a tradução desses termos não é consensual. No que tange à primeiro deles, é recorrente a utilização dos termos "mensagem", "elocução", "partilha", "emissão" etc. A respeito, ver, por exemplo: KRAUSE, Detlef: *Luhmann-Lexikon. Eine Einführung in das Gesamtwerk von Niklas Luhmann mit 27 Abbildungen und über 500 Stichworten*, p. 131-133.

[60] Cf. LUHMANN, Niklas. *Rechtssoziologie*, p. 30 e 94 [trad. port. v. 1, p. 45 e 109]; LUHMANN, Niklas. *Das Recht der Gesellschaft*, p. 131 [trad. ingl., p. 147-148; trad. esp., p. 188; trad. port., p. 174]; LUHMANN, Niklas. *Ausdifferenzierung des Rechts. Beiträge zur Rechtssoziologie und Rechtstheorie*, p. 73 e ss. Vale notar que, para Luhmann, os sistemas sociais e psíquicos são sistemas de

Contudo, ao conceber o direito como subsistema autopoiético da sociedade moderna, funcionalmente diferenciada, a teoria dos sistemas precisa enfrentar um problema crucial: como promover sua inter-relação com os demais subsistemas autorreferenciais que compõem a sociedade e que, tal como o direito, são operativamente fechados.[61] A análise dessa problemática, que tem evidentes reflexos na questão da justiça, implica a retomada de seus efeitos no que concerne à sociedade, entendida como ambiente (*Umwelt*).[62]

sentido, isto é, o sentido é o *medium* que permite a criação seletiva de formas sociais e psíquicas. A própria auto-referência basal desses sistemas só é possível a partir do *medium* do sentido, na medida em que este determina a capacidade de relação entre elementos que asseguram aos sistemas a possibilidade de continuar operando. Assim, sendo o direito um sistema social, sua função somente se implementa se ele for capaz de generalizar expectativas de forma congruente nas três dimensões de sentido: temporal (*Zeitdimension*), social (*Sozialdimension*) e material (*Sachdimension*). A Respeito, ver: LUHMANN, Niklas. Meaning as sociology's basic concept. In: ______. *Essays on self-reference.* New York: Columbia University Press, 1990, p. 21-79. Para uma análise dos problemas de tradução do termo *Sachdimension,* ver: VILLAS BÔAS FILHO, Orlando. *Teoria dos sistemas e o direito brasileiro,* p. 126, nota 47. Para uma análise geral dos problemas de tradução na teoria dos sistemas, ver: GONÇALVES, Guilherme Leite. Tradução em teoria dos sistemas: considerações iniciais a partir da obra de Raffaele De Giorgi. In: DE GIORGI, Raffaele. *Direito, tempo e memória.* Trad. São Paulo: Quartier Latin, 2006, p. 27-45.

[61] Segundo ressalta Luhmann, "the thesis of self-referentiality closed systems thus leads to a dilemma. On the one hand, it underlines the scarcely deniable fact that no system is capable of carrying out operations in the system's environment. Taken seriously, this explodes the traditional idea that the system might have some kind of access to a reality outside it or that the environment might be able to specify the structures of the system". LUHMANN, Niklas. *Closure and openness*: on reality in the world of law. In: TEUBNER, Gunther. *Autopoietic Law*: A New approach to law and society. Berlin-New York: Walter de Gruyter, p. 341. Nesse particular, André-Jean Arnaud observa muito bem que "si chaque système juridique est celui qui se reconnaît par la clôture opérationnelle, c'est la différenciation qui permet au système juridique, comme à tout autre, de distinguer ce qui lui appartient en propre de ce qui appartient à son environnement." ARNAUD, André-Jean. Droit: le système et l'ensemble. In: ARNAUD, André-Jean.; GUIBENTIF, Pierre, *Niklas Luhmann*: observateur du droit. Paris: Librairie Générale de Droit et de Jurisprudence, 1993, p. 152.

[62] A distinção "sistema/ambiente" (*System/Umwelt*) é central no desenho teórico proposto por Niklas Luhmann. Trata-se de uma distinção que não tem qualidade ontológica. O ambiente é o outro lado da forma sistêmica. Cabe notar que, referindo-se à relação entre direito e sociedade, Luhmann ressalta que esta constitui apenas o "ambiente intra-social" do direito (*innergesellschaftliche Umwelt*). Além dela há o "ambiente extra-social" (*außergesellschaftliche*

É possível afirmar que aquilo que, no plano da sociedade, aparece sob a forma de uma fragmentação social insuperável se expressa, no âmbito do direito, como um problema relativo ao modo pelo qual ele implementa sua regulação e haure sua legitimidade. Isso ocorre, pois, conforme ressalta Luhmann, sendo a sociedade um sistema autopoiético de comunicação, funcionalmente diferenciado em vários subsistemas funcionais, também eles autopoiéticos, qualquer regulação somente pode ser autorregulação.[63] Ou seja, a teoria dos sistemas é incompatível com qualquer pretensão de regulação direta do subsistema jurídico em outros subsistemas sociais, tais como os subsistemas da economia, da política, da ciência, da educação etc. Por outro lado, também há a necessidade de redefinição da discussão relativa à legitimidade do direito, uma vez que esta não pode mais buscá-la em seu exterior.

Por outro lado, é importante notar que o foco desta análise é o direito moderno, caracterizado, segundo Luhmann, por sua positividade.[64] A rigor, pode-se afirmar que somente o direito moderno, positivado (isto é, estatuído e validado a partir de decisões[65]), pode ser caracterizado como um subsistema autopoiético, detentor de uma função específica e que se reproduz a partir de um código próprio e de programas condicionais de decisão. A esse respeito, Marcelo Neves ressalta que

> "a positividade significa que a decisão, mesmo se vier a alterar radicalmente o direito, receberá o seu significado normativo do próprio sistema jurídico.

Umwelt) do direito que abrange tanto o homem (síntese de sistema psíquico e sistema vivo) e o mundo com seus fenômenos físicos e biológicos. LUHMANN, Niklas. *Das Recht der Gesellschaft*, p. 55. [trad. ingl., p 89 ; trad. esp., p. 110-111; trad. port., p. 72-75].

[63] Cf. LUHMANN, Niklas. The self-reproduction of law and its limits. In: ______. *Essays on self-reference*. New York: Columbia University Press, 1990, p. 229.

[64] Cf. LUHMANN, Niklas. *Rechtssoziologie*, p. 24; 190 e ss. [trad. port., vol. 1, p. 34 e 225 e ss]; LUHMANN, Niklas. *Das Recht der Gesellschaft*, p. 38 e ss. [trad. ingl., p. 76 e ss.; trad. esp., p. 93 e ss.; trad. port., p. 30]; LUHMANN, Niklas. *Ausdifferenzierung des Rechts. Beiträge zur Rechtssoziologie und Rechtstheorie*, p. 113 e ss. A respeito, ver também: HASSEMER, Winfried. Sistema jurídico e codificação: a vinculação do juiz à lei. In: KAUFMANN, Arthur; HASSEMER, Winfried. (orgs.) *Introdução à filosofia do direito e à teoria do direito contemporâneas*. Tradução Marcos Keel e Manuel Seca de Oliveira. Lisboa: Fundação Calouste Gulbenkian, 2003, p. 289 e ss; GUIBENTIF, Pierre. *Foucault, Luhmann, Habermas, Bourdieu*: une génération repense le droit, p. 123.

[65] Cf. LUHMANN, Niklas. *Rechtssoziologie*, p. 210 [trad. port., vol. 2, p. 10].

Nessa perspectiva, a noção de autopoiese (auto-referência, autonomia ou fechamento operacional, 'autodeterminidade') do direito passa a constituir o cerne do conceito de positividade."[66]

Em uma sociedade composta de subsistemas funcionais, concebidos como autorreferenciais e autopoiéticos, o direito, entendido como um desses subsistemas, encontra dificuldades potencializadas para levar a efeito sua função e, inclusive, para se legitimar. É nesse sentido que Luhmann afirma que a diferenciação funcional do sistema social e a positividade do direito seriam convergentes nesse traço básico de complexidade e contingência superdimensionadas, ou seja, no que concerne a uma sobrecarga que a sociedade impõe a si mesma e que desencadeia processos seletivos internos ao sistema jurídico.[67]

Jürgen Habermas critica intensamente a teoria dos sistemas de Luhmann. Segundo ele, em uma sociedade "sem base nem ponta" (*ohne Basis und ohne Spitze*), estilhaçada policentricamente, os diversos subsistemas recursivamente fechados constituiriam ambientes uns para os outros. Desse modo, tais subsistemas estariam situados, de certa forma, em uma relação horizontal e se estabilizariam, na medida em que se observam mutuamente e refletem sobre sua relação, sem possibilidades de uma intervenção direta um sobre o outro. Nesse sentido, Habermas atribui a Luhmann uma concepção "monádica", de inspiração husserliana.[68]

Tendo isso como premissa, Habermas enfatiza que, como consequência desse "monadismo" que migraria para a teoria de Luhmann, o sistema jurídico, monadicamente aberto e fechado, ficaria desengatado de todos os demais "subsistemas de ação" (*Handlungssystemen*). Segundo ele, disso decorreria, por um lado, a impossibilidade de uma "troca direta" do sistema jurídico com os demais subsistemas sociais que compõem a sociedade moderna e, de outro, a sua incapacidade de intervenção regulatória nos mesmos. Para Habermas, em um contexto como esse, o direito não

[66] NEVES, Marcelo. *Entre Têmis e Leviatã*: uma relação difícil: o Estado Democrático de direito a partir e para além de Luhmann e Habermas. São Paulo: Martins Fontes, 2006, p. 80.

[67] Cf. LUHMANN, Niklas. *Rechtssoziologie*, p. 203-204 [trad. port. vol. 1, p. 237].

[68] Cf. HABERMAS, Jürgen. *Direito e democracia*: entre facticidade e validade, v. 1, p. 71.

poderia assumir a função de orientação da sociedade como um todo. Sua regulação passaria a ser apenas "metafórica".[69]

Vale lembrar que a crítica realizada no livro *Direito e democracia: entre facticidade e validade* já está lançada em *O discurso filosófico da modernidade*,[70] obra em que Habermas afirma que Luhmann, por não ter à sua disposição a concepção de intersubjetividade gerada pela linguagem, seria forçado a empreender a exclusão recíproca de homem e sociedade como uma forma de fugir à proximidade com a filosofia do sujeito. Segundo Habermas, essa problemática se refletiria na fragmentação irreconciliável, que Luhmann atribui à sociedade moderna, em diversos subsistemas funcionais autorreferenciais, uma vez que os mesmos não se relacionariam a não ser de modo contingencial e mediante meras influências ou irritações recíprocas.[71]

De fato, Luhmann considera que a sociedade moderna, caracterizada pelo primado da diferenciação funcional, encontra no direito um de seus subsistemas funcionais. Diferenciado da sociedade a partir de seu código binário (lícito/ilícito), e valendo-se de programas condicionais do tipo "se/então",[72] o sistema jurídico passa a estar apto a desempenhar sua fun-

[69] Cf. HABERMAS, Jürgen. *Direito e democracia*: entre facticidade e validade, v. 1, p. 73.

[70] HABERMAS, Jürgen. *O discurso filosófico da modernidade.* p 343. Aliás, seria oportuno notar que, nesse mesmo livro, Habermas afirma que o empreendimento de Luhmann procuraria menos um vínculo à tradição especializada da teoria social desenvolvida desde Comte até Parsons do que à história dos problemas da filosofia da consciência desde Kant a Husserl. Segundo ele, a teoria dos sistemas não conduziria a sociologia pela senda segura da ciência, apresentando-se, antes, como sucessora de uma filosofia que se dispensou. Cf. HABERMAS, Jürgen. *O discurso filosófico da modernidade.* Tradução de Luiz Sérgio Repa e Rodnei Nascimento: São Paulo: Martins Fontes, 2000, p. 511. No mesmo sentido, em *Direito e democracia:* entre facticidade e validade, logo após aludir à vinculação de Luhmann a Husserl, Habermas o alinha às teorias estruturalistas de Lévi-Strauss, Althusser e Foucault, que, segundo ele, dão o mesmo passo de maneira diversa, de modo a fazer desaparecer toda e qualquer pretensão normativa na sociedade moderna. Cf. HABERMAS, Jürgen. *Direito e democracia*: entre facticidade e validade, v. 1, p. 71. A respeito, ver: VILLAS BÔAS FILHO, Orlando. *O direito na teoria dos sistemas de Niklas Luhmann*, p. 87 e ss.

[71] Cf. HABERMAS, Jürgen. *Direito e democracia:* entre facticidade e validade, v. 1, p. 73.

[72] Para uma análise pormenorizada dos programas condicionais em oposição aos programas finalísticos, ver: LUHMANN, Niklas. *Das Recht der Gesellschaft*, p. 195 e ss [trad. ingl., p. 196 e ss.; trad. esp., p. 253 e ss.; trad. port., p. 259 e ss.]. Para uma análise das vantagens do programa condicional para a obtenção de decisões congruentes e expectáveis, bem

ção de estabilização contrafática de expectativas normativas, mediante a sua generalização congruente. Trata-se de uma função exercida de forma exclusiva pelo sistema jurídico a partir da aplicação programática dos valores positivo e negativo de seu código. É a consecução dessa função que torna o direito discernível da sociedade e dos demais subsistemas funcionais, tais como a ciência, a política, a economia etc., que, tal como ele (direito), têm um código específico com seus respectivos programas. Trata-se, bem entendido, de funções concorrentes que, segundo Luhmann, não podem ser sobrepostas umas às outras nem mesmo hierarquizadas, pois isso se chocaria com a auto referencialidade ínsita aos subsistemas que as desenvolvem. É nesse contexto que se coloca a questão da justiça como complexidade adequada.[73]

como da relação entre programa condicional e positividade do direito, ver: LUHMANN, Niklas. *Rechtssoziologie*, p. 227-234 [trad. bras., vol. 2, p. 27-34]. A respeito, ver, especialmente: GONÇALVES, Guilherme Leite. *Direito entre certeza e incerteza*: horizontes críticos para a teoria dos sistemas. São Paulo: Saraiva, 2013, p. 104. Para uma análise sintética dos programas na teoria dos sistemas, ver: VILLAS BÔAS FILHO, Orlando. Programmes. In: ARNAUD, André-Jean (Dir.). *Dictionnaire de la globalisation*. Droit, science politique, sciences sociales. Paris: Librairie Générale de Droit et de Jurisprudence, 2010. p. 431-434.

[73] Criticando essa concepção de justiça, Otfried Höffe afirma que "Quando Luhmann crê ter encontrado no princípio da complexidade a adequada forma específica da justiça da modernidade, ele passa por alto que este princípio nada tem a ver, nem com a particularidade das relações de direito e de Estado, nem com a justiça como uma valoração ética. [...] Luhmann desenvolve um conceito de 'justiça sem justiça' [...]." HÖFFE, Otfried. *Justiça política*: fundamentação de uma filosofia crítica do direito e do Estado, p. 151-152.

4.
Premissas epistemológicas da justiça na teoria sistêmica

Para a teoria sistêmica, a justiça do direito é sempre contingente (i): não há que se falar em justiça mediante conquista de valores outrora concebidos como imutáveis. A mudança de sentido nas operações jurídicas é sempre possível na sociedade complexa. A multiplicidade de escolhas sociais prepondera. A operação de seletividade dos subsistemas escolhe os valores que sua comunicação pontuará.[74] A função do direito (ii) é a manutenção das expectativas normativas ao longo do tempo, combatendo as desilusões.[75] O sistema jurídico não aceitará o seu não cumprimento como certo e continuará a lutar pela sua efetivação. Manter-se-á, no

[74] LUHMANN, Niklas. *La differenziazione del diritto*, p. 348: "Che cosa possa essere la giustizia nella società moderna, non è possibile stabilirlo in guisa dell'interpretazione di una norma o di un valore, ad esempio, mediante esegese del concetto di eguaglianza, ma può risultare solo dall'accordo con altre variabili che determinano il sistema giuridico in dipendenza da determinate condizioni ambientali. Constatazione sulla giustizia dipendono, quindi, anche dal fatto che per il sistema giuridico possano essere operazionalizzate asserzione sulla varietà, l'interdispendenza o la generalizzazione."

[75] VILLAS BÔAS FILHO, Orlando. Da ilusão à fórmula de contingência: a justiça em Hans Kelsen e Niklas Luhmann. *In*: PISSARA, Maria Constança Peres; FABRINI, Ricardo Nascimento (coord.). *Direito e filosofia*: a justiça na história da filosofia, p. 143-144.

ambiente social, a expectativa de serem cumpridos os valores escolhidos pelo próprio sistema.

A complexidade do ambiente social (iii), cuja pressão é cada vez maior, exige prestações que o subsistema do direito não pode cumprir. Transformar, então, essa elevada complexidade de modo a torná-la adequada ao sistema é missão da justiça como fórmula de contingência[76], isto para o sistema de decisão corresponder melhor ao seu ambiente. O sistema jurídico precisará transformar a complexidade social em comunicação jurídica para, a partir daí, levá-la à decisão. Somente assim, poder-se-á ter uma decisão adequada.[77] O subsistema do direito absorve, pois, a complexidade e a reduz à comunicação jurídica, que, na sequência, propicia a emissão da decisão. Como já mencionado, cada subsistema tem a sua própria comunicação e exclusivamente por ela agirá: o subsistema da economia, por exemplo, comunicar-se-á pela comunicação balizada pelo código binário"pagamento/não pagamento" (*Zahlung/Nichtzahlung*), o subsistema da política reproduz as suas operações comunicativas pelo código binário código "poder/não-poder" (*Macht/Ohnmacht*)[78] mesmo valendo para outros subsistemas. Nessa perspectiva, não há de se falar em outra justiça que não aquela ligada à comunicação do sistema jurídico.

[76] LUHMANN, Niklas. *La differenziazione del diritto*, p. 348-349: "1) Un sistema di decisione corrisponde meglio al suo ambiente nella misura in cui può rappresentare al suo interno complessità esterna e portarla a decisione, vale a dire, può decidere adeguatamente. Ciò richiede una ricostruzione non solo della grandezza e della varietà dell'ambiente, ma anche delle interdipendenze dell'ambiente nel sistema. Una tale comprensione delle interdipendenze esterne, tuttavia, incontra presto difficoltà che, allo stato attuale a quello prevedibile per il futuro della tecnica della decisione, sono considerate insuperabili. Ogni sistema di decisione, perciò, retrocede su criteri e procedimenti di riduzione della complessità.".

[77] LUHMANN, Niklas. *La differenziazione del diritto*, p. 321.

[78] Cabe notar que o código poder/não-poder do sistema político se concretiza, na atualidade, a partir da distinção governo/oposição. Para uma sintética descrição dos distintos subsistemas sociais e seus respectivos códigos, ver, especialmente: LUHMANN, Niklas. *Ecological communication*, p. 51 e ss.

5.
A "fórmula de contingência" como consistência interna e adequação social

A partir de sua teoria dos sistemas, Niklas Luhmann considera que a justiça, no contexto da sociedade moderna funcionalmente diferenciada[79], realizar-se-ia por meio de uma "fórmula de contingência" (*Kontingenzformel*) do sistema jurídico, cuja finalidade seria justamente fornecer controles de consistência e de adequação às decisões jurídicas.[80]

[79] Acerca da diferenciação funcional que, na teoria de Luhmann, caracteriza a sociedade moderna, ver: VILLAS BÔAS FILHO, Orlando. Différentiation fonctionnelle. *In*: ARNAUD, André-Jean (dir.). *Dictionnaire de la globalisation*. Droit, science politique, sciences sociales. Paris: Librairie Générale de Droit et de Jurisprudence, 2010. p. 144-148. Cabe notar que a perspectiva de Luhmann se dirige à sociedade moderna e, sobretudo, ocidental. Sua concepção acerca da justiça é, portanto, direcionada ao Ocidente moderno, motivo pelo qual é preciso ter cautela para não aplicá-la indiscriminadamente. A respeito, ver: VILLAS BÔAS FILHO, Orlando. O direito de qual sociedade? Os limites da descrição sociológica de Niklas Luhmann acerca do direito a partir da crítica antropológica. In: FEBBRAJO, Alberto; SOUSA LIMA, Fernando Rister; PUGLIESI, Márcio (coord.). *Sociologia do direito*: teoria e práxis. Curitiba: Juruá, 2015. p. 337-366.

[80] Note-se que, a esse respeito, a terminologia de Luhmann não é precisa, uma vez que este autor utiliza "fórmula de consistência" e "fórmula de contingência" no mesmo sentido. Segundo Jean Clam, "l'usage de cette terminologie n'est pas très précis dans la théorie du droit luhmannienne. Il y a un flottement dans la caractérisation de la justice comme formule de consistance ou de contingence (alors que la distinction est clairement établie

Trata-se de uma forma de autocontrole do subsistema jurídico que, por um lado, não é identificável com a natureza, pois isso seria inaceitável em função da fundamentação metafísica que implicaria, mas, por outro, não se reduz à simples decisão que conduziria ao decisionismo. Essa forma de autocontrole, proporcionada justamente pelo conceito de justiça, implica que, no cumprimento dessa função, seja reelaborada.[81] Note-se, entretanto, que a descrição da justiça como fórmula de contingência consiste na perspectiva de uma observação externa, ou seja, sociológica, nos termos indicados anteriormente. No interior do sistema jurídico, porém, a justiça remanesce, segundo Luhmann, como ideia, valor ou princípio.[82]

5.1. Justiça não axiológica

A justiça, diferente do que tradicionalmente ocorre no âmbito das teorias que a ela se referem, deixa de apresentar qualquer conotação valorativa prévia, passando a ser apenas símbolo da congruência da generalização das expectativas normativas, o que a torna estreitamente relacionada à função de estabilização de expectativas normativas desenvolvida pelo direito.[83] Não se trata, portanto, de norma superior (*Übernorm*) colocada para além do subsistema jurídico, a partir da qual seria possível avaliá-lo criticamente.[84] Luhmann critica vivamente essa axiologização

pour l'économie). Ainsi dans *RdG* [*Das Recht der Gesellschaft*] le chapitre consacré à la justice est intitulé 'la formule de contingence: Justice' (*Kontingenzformel Gerechtigkeit*), alors que dans *RS* [*Rechtssoziologie*], il ne parle que de formule de consistance [...]" (*Droit et société chez Niklas Luhmann*: la contingence des normes. Paris: Presses Universitaires de France, 1997, p. 225, nota 1).

[81] LUHMANN, Niklas. *Das Recht der Gesellschaft*, p. 218 [trad. ingl., p. 214; trad. esp., p. 280; trad. port., p. 291]. .

[82] LUHMANN, Niklas. *Das Recht der Gesellschaft*, p. 280 [trad. ingl., p 261; trad. esp., p. 342; trad. port., p. 373-374]..

[83] CLAM, Jean. *Droit et société chez Niklas Luhmann*: la contingence des normes, p. 207.

[84] Luhmann critica concepções que ele considera atreladas ao paradigma do direito natural, como a de Manuel Atienza, que partiriam da premissa de que a pressuposição de uma ordem superior (o direito natural) seria a única forma de fundamentação crítica em relação ao direito positivo. LUHMANN, Niklas. *Das Recht der Gesellschaft*, p. 220 [trad. ingl., p. 215; trad. esp., p. 281; trad. port., p. 292-293]. Acerca do perfil crítico-avaliativo das teorias do direito natural, ver, por exemplo, FERRAZ JR., Tercio Sampaio. *A ciência do direito*. São Paulo: Atlas, 1995. p. 26. A esse respeito, Gunther Teubner ressalta que a própria historização da justiça teria levado ao abandono de demandas filosóficas por uma universalidade temporal

e essa eticização da justiça por considerar que, uma vez transformada em valor, esta mesma justiça perde sua íntima ligação com o direito e a função por ele exercida.[85] De modo semelhante ao que ocorre na análise weberiana acerca do processo de racionalização interna do direito, vista em termos de sua progressiva desmaterialização, também em Luhmann, como corolário da autorreferencialidade dos subsistemas funcionais, há uma desintegração das condições de possibilidade de referência a uma instância substancial suprema, o que faz com que a justiça deixe de ser uma grandeza absoluta que serve à aferição do grau de perfectibilidade do direito positivo para tornar-se o modo pelo qual o direito exerce o seu autocontrole.[86]

5.2. Justiça autorreferente ao direito

Como dito, na perspectiva da teoria dos sistemas, a justiça não pode ser concebida como valor transcendente, mas sim como fórmula de contingência que se liga estreitamente à própria consecução da função do subsistema jurídico e que, ademais, situa-se no seu interior e não para além dele.[87] Portanto, conforme ressalta Marcelo Neves, "a justiça só pode ser considerada, consequentemente, a partir do interior do sistema jurídico, seja como adequada complexidade (justiça externa) ou como consistência das decisões (justiça interna)"[88]. Conforme se verá adiante,

e espacial. Assim, segundo ele, nas condições contemporâneas de fragmentação social, as concepções aristotélicas ou kantianas do que é uma sociedade justa teriam perdido plausibilidade (TEUBNER, Gunther. Self-subversive justice: contingency or transcendence formula of law? *The Modern Law Review*. 72(1), p. 1-23, 2009. p. 2, 5).

[85] LUHMANN, Niklas. *Ausdifferenzierung des Rechts. Beiträge zur Rechtssoziologie und Rechtstheorie.* Frankfurt am Main: Suhrkamp, 1999. p. 377 (trad. it., p. 319); CLAM, Jean. *Droit et société chez Niklas Luhmann*: la contingence des normes, p. 208.

[86] Segundo Jean Clam, "la crise des conceptions 'perfectionnistes' [...] arrive, pour Luhmann, avec la transition vers la modernité [...]". (*Droit et société chez Niklas Luhmann*: la contingence des normes, p. 215, 221). A respeito, Marcelo Neves ressalta: "torna-se irrelevante para Luhmann uma teoria da justiça como critério exterior ou superior ao direito positivo" (*Entre Têmis e Leviatã*: uma relação difícil: o Estado Democrático de Direito a partir e para além de Luhmann e Habermas. São Paulo: Martins Fontes, 2006. p. 84).

[87] LUHMANN, Niklas. *Das Recht der Gesellschaft*, p. 218-219 [trad. ingl. p. 214; trad. esp., p. 279-280; trad. port., p. 289-291]; LUHMANN, Niklas. *Ausdifferenzierung des Rechts. Beiträge zur Rechtssoziologie und Rechtstheorie*, p. 387 e ss.

[88] NEVES, Marcelo. *Entre Têmis e Leviatã*, p. 84.

trata-se de uma abordagem da justiça que, dissociada de uma conotação valorativa suprema, concebe-a articulada ao redor da questão da complexidade adequada do sistema jurídico e da consistência de suas decisões.[89]

Percebe-se, desse modo, que Luhmann desenvolve um conceito de justiça compatível com a pressuposição de autorreferência dos subsistemas autopoiéticos que compõem o sistema social, o que não ocorre com as teorias tradicionais da justiça, as quais, como regra, procuram um fundamento axiológico superior para a crítica do direito positivo. A postulação de um valor superior e, portanto, externo ao próprio subsistema jurídico, afetaria a sua autorreferência, além de não servir aos propósitos funcionais que lhe são ínsitos, pois a pressuposição de valores últimos – como o de uma justiça absoluta – aparta a autorreferência desses mesmos valores dos subsistemas funcionais. Isso significa que a pressuposição de uma ordem superior de valores cria um bloqueio à contingência justamente porque os valores absolutos (justiça, verdade etc.), ao refletirem a si mesmos, fornecem um fundamento último que não se submete à contingência, colocando-se, em razão disso, para além das funções desempenhadas pelos subsistemas sociais.[90]

[89] VILLAS BÔAS FILHO, Orlando. Da ilusão à fórmula de contingência: a justiça em Hans Kelsen e Niklas Luhmann, p. 129-150; GONÇALVES, Guilherme Leite; VILLAS BÔAS FILHO, Orlando. *Teoria dos sistemas sociais*: direito e sociedade na obra de Niklas Luhmann. São Paulo: Saraiva, 2013. p. 120-126. Otfried Höffe faz uma intensa crítica ao conceito de justiça proposto por Luhmann. Segundo ele, tratar-se-ia de uma "justiça sem justiça". Cf. HÖFFE, Otfried. *Justiça política*: fundamentação de uma filosofia crítica do direito e do Estado, p. 151-154.

[90] Segundo Jean Clam, "la perfection fait fonction de mécanisme de blocage de la contingence en fondant des ordres autosubstitutifs, dont la réflexivité n'est cependant pas fonctionnelle. [...] La caractéristique des ordres axiologiques traditionnels est qu'ils ont à leur fondement des valeurs dernières qui se réfléchissent en elles-mêmes en s'appliquant chacune sa propre valeur. Ainsi la justice est juste et la vérité vraie, etc. En faisant référence à elles-mêmes, elles permettent à l'ordre propre d'arrêter tout renvoi à un ordre aliène et lui fournissent un fondement dernier non soumis à la contingence. [...] Son autoréférence se distingue cependant de l'autoréférance systémique par le fait qu'elle n'est pas fonctionnelle" (*Droit et société chez Niklas Luhmann*: la contingence des normes, p. 212-213). Complementarmente a isso, Marcelo Neves enfatiza que a referência a valores pretensamente universais acarretaria a imobilidade do sistema jurídico, bloqueando sua tarefa seletiva, de modo a gerar efeitos disfuncionais (*Entre Têmis e Leviatã*, p. 85).

Contrariamente, enquanto fórmula de contingência, a justiça não visa medir o grau de perfectibilidade do subsistema jurídico, mas permitir a generalização congruente das expectativas normativas. Decorre daí a sua ligação indissociável com a consecução da função desse subsistema, que se realiza sob a forma de símbolo, não absoluto, mas intrassistêmico, de determinação da congruência generalizada das expectativas normativas.[91] É nesse sentido que Luhmann define a justiça mediante distinções, afirmando que ela é autorreferencial não como operação, mas como observação que se remete não ao nível do código do subsistema jurídico, mas para a posição dos programas condicionais. Quando a justiça se materializa não como teoria, mas como norma, passível de frustração enquanto tal, tem-se como consequência a possibilidade de existirem sistemas jurídicos injustos (ou dotados de maior ou menor grau de justiça), sem que, com isso, seja possível afirmar que a autopoiese operativa desse subsistema, ou do seu código, possa ser justa.[92]

5.3. Justiça cognitivamente aberta

Ao definir a justiça em termos de fórmula de contingência, Luhmann passa a atribuir-lhe a tarefa de garantir o controle da complexidade do subsistema jurídico que, como se sabe, é submetido a enormes pressões por parte de seu ambiente[93]. Ao sobrecarregar o subsistema jurídico com demandas que ele não pode cumprir, cria-se um grau de complexidade, a ser devidamente reduzido, sem que isso, entretanto, implique solipsismo

[91] CLAM, Jean. *Droit et société chez Niklas Luhmann*: la contingence des normes, p. 207-208.

[92] LUHMANN, Niklas. *Das Recht der Gesellschaft*, p. 218 [trad. ingl., p. 214; trad. esp., p. 279; trad. port., p. 289]. Para uma análise dos programas na teoria de Luhmann, ver: VILLAS BÔAS FILHO, Orlando. Programmes. *In*: ARNAUD, André-Jean (dir.). *Dictionnaire de la globalisation*. Droit, science politique, sciences sociales. Paris: Librairie Générale de Droit et de Jurisprudence, 2010. p. 431-434.

[93] O termo alemão *Umwelt*, em português, pode ser traduzido como *entorno* ou *ambiente*. Nas edições de língua inglesa, o termo aparece como *environment* e nas francesas como *environnement*. Nas traduções de língua espanhola, tal termo costuma ser traduzido como *entorno*. No Brasil, atualmente, a tendência tem sido traduzir *Umwelt* como "ambiente". Em minhas publicações mais antigas, costumava utilizar o termo "entorno" que, ademais, aparece também, embora circunstancialmente, em publicações de Celso Campilongo e de Marcelo Neves. Atualmente, tenho optado por utilizar o termo "ambiente".

dogmático baseado no fechamento cognitivo.[94] Por esse motivo, Luhmann concebe a justiça como "complexidade adequada"[95], que expressa a dimensão externa da justiça. Entretanto, a justiça também apresenta uma dimensão interna, que se expressa na consistência das decisões. Luhmann sintetiza sua concepção da justiça afirmando que ela se expressaria na complexidade adequada na tomada de decisões consistentes.[96]

Ora, as fórmulas de contingência, entre as quais se insere a justiça, visam justamente fornecer um ponto ótimo que lhe permita lidar com o grau de complexidade que é imposto pelo ambiente, sem que isso importe comprometimento da consistência do sistema.[97] Tanto é assim que Jean Clam, aludindo ao papel desempenhado na teoria dos sistemas, ressalta que a justiça deve servir como mecanismo capaz de conjugar, de um lado, a salvaguarda contrafactual dos consensos normativos que asseguram a congruência das expectativas sociais e, de outro, a abertura cognitiva do direito em relação ao afluxo de complexidade proveniente de outros subsistemas sociais.[98] Isso significa que a justiça enquanto

[94] Em Niklas Luhmann, a justiça só pode ser considerada a partir do interior do subsistema jurídico, seja em termos de complexidade adequada (justiça externa), seja em termos de consistência das decisões (justiça interna), o que remete, respectivamente, à abertura cognitiva desse subsistema e à sua capacidade de conexão da reprodução normativa autopoiética (*Entre Têmis e Leviatã*, p. 84).

[95] LUHMANN, Niklas. *Das Recht der Gesellschaft*, p. 225 [trad. ingl., p. 219; trad. esp., p. 287; trad. port., p. 300].

[96] LUHMANN, Niklas. *Das Recht der Gesellschaft*, p. 225 [trad. ingl., p. 219; trad. esp., p. 287; trad. port., p. 300]; TEUBNER, Gunther. Self-subversive justice: contingency or transcendence formula of law? *The Modern Law Review*. 72(1), 2009. p. 8.

[97] Referindo-se aos subsistemas sociais, Jean Clam ressalta que "tous ces systèmes se laissent réguler par des 'formules de contrôle' ou 'de consistance' – souvent complémentaires de 'formules de contingence'. Ces grandeurs ne sont pas seulement axiologiquement neutralisantes (puisqu'elles font 'abstraction' des valeurs qui entrent en jeu dans leurs fomules, mais elles sont elles-mêmes neutres, comme produits de relationnements seconds et de négociation des valeurs neutralisées" (*Droit et société chez Niklas Luhmann*: la contingence des normes, p. 224-225). Cumpre observar que Niklas Luhmann compara a justiça com outras fórmulas de contingência de outros subsistemas funcionais. Assim, indica a escassez como fórmula de contingência da economia, a legitimidade como fórmula de contingência da política, a limitação, via negação, como fórmula de contingência da ciência e a ideia de um Deus único como fórmula de contingência na religião.

[98] CLAM, Jean. *Droit et société chez Niklas Luhmann*: la contingence des normes, p. 221. Em sentido análogo, Marcelo Neves ressalta que se trata "por um lado (externamente), de

fórmula de contingência visa compensar os efeitos decorrentes do fechamento operacional do subsistema do direito, que faz com que este perca um contato direto com seu ambiente. Trata-se de mecanismo interno ao próprio direito, que lhe permite dar respostas consistentes às irritações provenientes de seu ambiente.[99] Por essa razão, Gunther Teubner afirma que, enquanto fórmula de contingência, a justiça refere-se à relação do direito com o seu ambiente, sendo, portanto, a "complexidade adequada do sistema jurídico, a melhor consistência interna possível diante das exigências do ambiente extremamente divergentes"[100].

abertura cognitiva adequada ao ambiente, capacidade de aprendizagem e reciclagem em face deste; por outro (internamente), da capacidade de conexão da reprodução normativa autopoiética" (*Entre Têmis e Leviatã*, p. 84).

[99] LUHMANN, Niklas. *Das Recht der Gesellschaft*, p. 223 [trad. ingl., p. 218; trad. esp., p. 285; trad. port., p. 298].

[100] TEUBNER, Gunther. *Direito, sistema e policontexturalidade*. Tradução de Rodrigo Octávio Broglia Mendes *et al.* Piracicaba: Ed. da Unimep, 2005. p. 71.

6.

Controles sociológicos do direito positivo

Em primeiro lugar, deve-se notar que o principal alvo crítico, tanto dos sociólogos quanto dos teóricos jurídicos, é o normativismo em sua versão mais ortodoxa e autorreferencial. Se a variabilidade das regras representa a força pragmática das ciências jurídicas dogmáticas, ela também representa sua fraqueza pelo menos do ponto de vista de uma ciência que pretende alcançar soluções, não apenas formalmente válidas, mas com base em bases empiricamente sólidas e não arbitrárias.

Portanto, não é surpreendente que a tentativa de desenvolver uma abordagem alternativa para a regulamentação atravesse toda a história da sociologia do direito, embora com matizes diferentes. As razões para este contraste fundamental, entretanto, vêm raramente no sentido de negar as regras postas, mas mais frequentemente são limitadas a seu redimensionamento.[101] De fato, a adesão exclusiva e mecânica às regras do direito positivo tem sido tradicionalmente vista como produtora de possíveis consequências negativas *(summum ius, summa iniuria)*. Retomando essa tradição dentro das principais construções sociológicas e jurídicas, vários critérios de controle foram desenvolvidos para moderar ou reduzir o papel decisivo desempenhado pelas legislações existentes mediante

[101] Para uma análise mais ampla dessa questão, ver: FEBBRAJO, Alberto. *Sociologia del diritto. Concetti e problemi*. Bolonha, Il Mulino, 2009.

argumentos factuais.[102] Dessa forma, tais controles, embora orientados empiricamente, servem, se tomados individualmente, para mostrar o potencial de engano, dos regulamentos legais.

a) Controle de eficácia

A primeira verificação que pode ser realizada pelo sociólogo em um determinado aparato regulatório refere-se à sua correspondência com a realidade dos fatos. Se o conteúdo da regra prenuncia um certo conjunto de comportamentos e fatos consequentes, o sociólogo pode medir o grau de eficácia das disposições regulatórias individuais, apurando, de uma perspectiva estritamente realista, se e em que medida a conduta real dos eventos corresponde à prescrição regulatória ou, inversamente, se e em que medida esta última fornece uma imagem enganosa da realidade.

Theodor Geiger desenvolveu as premissas conceituais e metodológicas do controle de eficácia do direito.[103] Fortemente condicionado pela influência do realismo escandinavo e da escola Uppsala, Geiger tenta colocar na base de sua exposição uma visão desreguladora do direito, propondo estudar apenas "fatos", de modo a minimizar o papel dos fatores culturais externos, que poderiam poluir a realidade empírica, referindo-se a teorias não suficientemente bem fundamentadas, ou pior para valorizar escolhas não necessariamente compartilháveis e ideológicas por natureza.

Nesse sentido, a exposição de Theodor Geiger centra-se em um modelo elementar que ainda é um ponto de referência indispensável para aqueles que querem fazer uso do potencial de uma teoria estritamente factual da norma jurídica. Seguindo o simbolismo usado por Geiger, este modelo pode ser resumido em uma fórmula alternativa que mostre que a eficácia da lei, ou na terminologia de Geiger sua "obrigação" real (*Verbindlichkeit)*, depende da ocorrência de um certo comportamento recorrente em uma

[102] Para um tratamento sociológicojurídico recente do tema, ver: TEUBNER, Gunther. Self-subversive justice: contingency or transcendence formula of law? *The Modern Law Review*, London, 72 (1), p. 1-23. 2009.

[103] Cf. GEIGER, Theodor. *Vorstudien zu einer Soziologie des Rechts.* Neuwied, Luchterhand, 1964. Para uma apresentação do pensamento de Geiger, ver: FEBBRAJO, Alberto. op. cit, pp. 84 ss. FEBBRAJO, Alberto. *Sociologia do constitucionalismo*: constituição e teoria dos sistemas. Tradução de Sandra Regina Martini. Curitiba: Juruá, 2016, p. 49 e ss.

determinada situação *ou*, para aqueles casos em que isso não acontece, pela ocorrência de uma reação em relação ao autor do comportamento desviante.

Passando desse padrão, que se traduz em comportamento regular à prescrição do padrão primário endereçado às subsidiárias, e a norma secundária voltada para aqueles que são obrigados a exercer a eventual reação, Geiger propõe uma mudança gradual na conexão *fundamental*. Essa conexão se consolida em uma perspectiva evolutiva através de uma complexa sucessão de fases até que o reconhecimento oficial pela legislação seja alcançado. No início, é confiada a mecanismos psicológicos elementares baseados na suposição de que sucessões de fatos sociais deixam na mente dos sujeitos traços gravados na memória, o que influencia, dependendo de sua intensidade e quantidade, a futura disposição dos atores de repetir e internalizar os padrões de comportamento que são realmente adotados.

Ao longo do tempo, as instituições responsáveis pela manutenção da ordem social desenvolvem estratégias de reação cada vez mais elaboradas aos níveis de abstração garantidos pelos mecanismos de sanção do direito que fazem uso de estruturas regulatórias e propriedades de aparelhos institucionalizados pelo Estado.

A verificação de eficácia requer uma correspondência baseada em pontos, em um mapa correspondente dos pontos individuais do mapa regulamentar com a realidade social subjacente, e vice-versa. No entanto, uma ordem totalmente eficaz é um caso limite, uma vez que é altamente improvável que as regras primárias e secundárias se sobreponham totalmente aos comportamentos correspondentes. Pode-se acrescentar aqui que, no caso de uma total ausência de áreas de ação legalmente indiferente, cada ação deve corresponder a um padrão ou conjunto de regras reais, enquanto qualquer regra real deve corresponder a uma ação ou um conjunto de ações reais.

A construção geigeriana tende, em suma, a relativizar o conceito formal de validade, central para a perspectiva formalista do normativismo, subtraindo-a de alternativas estritamente dicotômicas (válidas/inválidas), e traduzi-lo em vez disso, no nível factual, em termos mais elásticos. A lei real adotada pelas estruturas do Estado, a flexibilidade decorrente do maior ou menor grau de adesão social às regras a serem apuradas de tempos em tempos usando instrumentos estritamente estatísticos e, portanto, quantitativamente determinantes.

Geiger, como vimos, coloca a ênfase especialmente no tempo da sanção, porque somente se um comportamento desviante é seguido por alguma sanção observável há evidências de que uma regularidade tem uma natureza normativa. Mas aí vem a consequência paradoxal de que uma norma constantemente observada não seria capaz de manifestar sua própria diferença de uma regularidade factual pura. Além disso, a exclusão quase total da análise do direito das variáveis culturais, imposta pelos princípios metodológicos do realismo, não deve fazer esquecer que, em grande número de casos, as normas legais, especialmente aquelas que regem as relações entre particulares, exigem adesão mútua aos "princípios" comuns, baseando-se em delicados equilíbrios de desempenho que não podem ser definidos apenas em termos de eficácia.

b) Controle de eficiência

O controle de eficiência garante que não há apenas uma correspondência padrão/fato, mas também um objetivo social de "utilidade" entendido em um determinado agregado como um equilíbrio aceitável entre os meios empregados e os benefícios obtidos. O controle de eficiência pode complementar a eficiência porque a hipótese de eficácia oportuna das regras pode não estar ligada a uma avaliação positiva em termos de eficiência. Um exemplo particularmente significativo é o chamado "golpe branco" que, com base na aplicação oportuna e mecânica de todas as regras formalmente válidas, pode ter como consequência lógica uma espécie de hiper efetividade produzida artificialmente dos ajustes e uma quase total paralisia de atividades regulamentadas ou, em suma, uma espécie de ineficiência por efeito.

A hipótese evolutiva da qual, pelo menos implicitamente, o controle de eficiência se move é que uma norma jurídica será posta de lado pela própria sociedade e substituída de forma independente por um padrão diferente. O controle da eficácia diz respeito à sustentabilidade social das soluções regulatórias adotadas e sua relação custo-eficácia em termos do equilíbrio dos ativos utilizados e dos efeitos produzidos. Por conseguinte, tem origens, pelo menos no que diz respeito à verificação de factos, e continua a repetir-se de diferentes formas, por exemplo, na espontaneidade das estruturas regulamentares propostas pelo fundador da sociologia do direito, Eugen Ehrlich, bem como na linha de estudos denominada *Law and economics* que, estabelecida desde a década de 1960, não parece ter esgotado ainda as suas possibilidades de descritivas[104].

No que diz respeito ao tratamento de Ehrlich, este se baseia no pressuposto de que a organização do grupo social é a pré-condição histórica de cada padrão estatal. Seguindo essa suposição, Ehrlich não pode deixar de assumir, pelo menos implicitamente, que a seleção do "direito vivo" (*Lebendesrecht*), produzido de forma independente pelos grupos, é guiada pelo critério da utilidade social. Sendo selecionado com base cognitiva e por meio de uma verificação de eficiência exercida diretamente pela sociedade ou indiretamente pelos juízes, o direito vivo acaba adquirindo mais força, em termos de consentimento e correspondência para a sociedade, do que o direito positivo.

A nomogênese aparece uma das partes mais interessantes, embora não completamente desenvolvida por Ehrlich. Baseia-se na regulamentação dos critérios de utilidade e em uma vasta gama de exemplos da evolução legislativa e jurídica dos principais sistemas jurídicos. Através de um amplo *excurso histórico* Ehrlich procura dar plausibilidade a sotaques anti--legislativos e céticos em relação à codificação.

Neste contexto, é o grupo que garante que as normas jurídicas evoluam produzindo um direito cada vez mais eficiente que torna as regras mais úteis para os interesses e ideias que sustentam todo o sistema jurídico.

Se aceitarmos que uma estrutura normativa pode surgir a partir de um conjunto de situações sociais, é necessário, portanto, perguntar quais mecanismos podem transformar o registro cognitivo de fatos em estruturas regulatórias estabelecidas.

A hipótese evolutiva geral desenvolvida por Ehrlich é a de que, através de um processo de erro e correção de fatos sociais, pode-se mostrar a adequação insuficiente de certas regularidades de comportamento, tanto ao nível dos receptores quanto ao nível dos operadores profissionais, causando uma adaptação factual de tal regularidade às necessidades da sociedade.

[104] Cf. EHRLICH, Eugen. *I fondamenti della socilogia del diritto*. Milão, Giuffré, 1976; E. Ehrlich, H. Kelsen, M. Weber, Verso un concetto sociologico di diritto, Milão, Giuffré, 2010. No ponto, ver do último: FEBBRAJO, Alberto. Op. cit., pp. 37 ss., p. 72. FEBBRAJO, Alberto. Os fundamentos históricos da sociologia de Eugen Ehrlich. *In*: FEBBRAJO, Alberto; SOUSA LIMA, Fernando Rister; PUGLIESI, Márcio (Coord.). *Sociologia do direito: teoria e práxis*. Curitiba: Juruá, 2015. p. 317-336.

c) Controle de recursos

O controle da funcionalidade introduz um elemento adicional de crítica ao direito positivo. Na verdade, um direito apropriado "funcionalmente" pode ser eficiente e manter um alto nível de eficácia. O controle da funcionalidade requer, em particular, a atribuição de orientações específicas às diversas áreas do social e, assim, permite melhor adaptar o controle da eficácia e da eficiência às diferentes situações históricas.

Ele pode ser comparado com o composto atual do funcionalismo, mas acima de tudo a um grande precursor do mesmo: Max Weber.[105] Como se sabe, a ótica weberiana presta especial atenção às principais formas de ação e suas relações "funcionais" com os sistemas regulatórios. São assim identificados, no contexto de algumas macro funções essenciais reconhecíveis em diferentes situações históricas, problemas fundamentais da vida social, que vão desde a legitimação do poder até a justificação de decisões regulatórias individuais e institucionais.[106]

A reconstrução da forma como estas funções são realizadas pode caracterizar civilizações inteiras no contexto de modelos complementares típicos de ação. Os elementos mais vitais do tratamento weberiano dizem respeito, sobretudo, aos aspectos metodológicos e conceituais, e acima de tudo a um tipo articulado de critérios de racionalidade que, ainda hoje, podem ser aplicados a diferentes áreas da sociologia do direito. A ideia é apresentada, neste contexto, como um produtor de sentido reconhecível na época, tanto por atores individuais quanto por observadores externos hipotéticos através da utilização de esquemas de referência típico-ideal.

A atenção de Weber é dada aos critérios legais de racionalidade e de decisão dos operadores jurídicos. Ele mostra que há profundas convergências entre a racionalidade jurídica formal e outras áreas sociais, como

[105] WEBER, Max. *Economía y sociedad:* esbozo de sociología comprensiva. José Medina Echavarría et. al. México: Fondo de Cultura Económica, 2002. Veja também E. Ehrlich, H. Kelsen, M. Weber, Verso un concetto sociologico di diritto, p. 56 ss. Para um conciso contraste da sociologia weberiana com a durkheimiana, ver: VILLAS BÔAS FILHO, Orlando. *Direito e sociedade na obra de Émile Durkheim*: bases de uma matriz sociológica para os estudos sociojurídicos. São Paulo: Editora Mackenzie, 2019, p. 54 e ss. A respeito, MARTUCCELLI, Danilo. *Sociologies de la modernité*: l'itinéraire du XXe siècle. Paris: Gallimard, 1999, p. 193-230.

[106] Para uma crítica ao modelo funcionalista no âmbito da sociologia, ver, por exemplo: DUBET, François; MARTUCCELLI, Danilo. *Dans quelle société vivons-nous?* Paris: Éditions du Seuil, 1998, p. 35 e ss.

a economia.[107] O direito que, à luz dos controles anteriores, apareceu, respectivamente, como um direito de "ordenação", em um sentido vertical e hierárquico, ou um direito "regulatório", em um sentido horizontal e adaptativo, vai tão longe a ponto de assumir o disfarce de um "conector social" capaz de pactuar um quadro culturalmente unificado.

Ao mesmo tempo, a interpretação de Weber do direito natural também é proposta porque, do ponto de vista comparativo, não aparece exclusivamente voltada para a função da preservação e legitimidade do *status quo* ou de sua mudança revolucionária.

Embora um direito eficaz seja baseado na exclusão de regras não aplicadas por indivíduos, e um direito eficiente seja baseado na exclusão de regras contrárias às necessidades da vida organizacional do grupo, o controle da funcionalidade é baseado no pressuposto de que, em um determinado contexto social, essas regras são excluídas uma vez que, mostram sinais de inconsistência com suas próprias orientações funcionais.

QUADRO 3
Controles sociológicos do direito positivo

Controle	**Perspectiva relação ação/norma**	**Critério**
Eficácia	Correspondência	Exclusões de variáveis culturais
Eficiência	Utilidade	Seleções monoracionais
Funcionalidade	Compatibilidade	Seleções pluriracionais

[107] A respeito, ver, por exemplo: FREUND, Julien. La rationalisation du droit selon Max Weber. *Archives de philosophie du droit,* t. 23, p. 69-92, 1978; FREUND, Julien. *Sociologia de Max Weber.* Tradução de Luís Claudio de Castro e Costa. 4ª edição. Rio de Janeiro: Forense Universitária, 1987.

7.
Controle da justiça e perspectiva sistêmica

Passando pelos controles sociológicos que acabamos de ver, vamos agora examinar o escrutínio da justiça. De acordo com os controles anteriores, a adesão dos fatos às regras (eficácia) é uma utilidade alcançada com redução dos custos sociais (eficiência) de acordo com as necessidades funcionais dos sistemas individuais (funcionalidade). No entanto, isso ainda não leva em conta as relações entre diferentes sistemas que uma norma pode pôr em causa, deixando que o seu envolvimento não seja explicitamente anunciado pela norma, mas apenas seja perceptível com base em sensibilidades culturais generalizadas.

O conceito de justiça pode repropor um novo disfarce ao problema secular das relações que tendem a circular entre aspectos cognitivos e regulatórios das estruturas jurídicas. É claro que a sequência cognitivo-normativa-cognitiva está, em graus variados, presente nos diferentes critérios de controle previamente vistos. Eles mostram uma interpretação dos níveis de suportabilidade dos casos de ineficiência e disfunção que ocorrem concretamente em diferentes áreas do social, causando situações "injustas" de desconforto. No caso do controle da eficácia, a tónica centra-se no descompasso entre os níveis do padrão e do fato individual; ao controlar a funcionalidade para uma mudança nas estratégias regulatórias utilizadas para garantir que as funções típicas dos diferentes subsistemas sociais sejam realizadas. No entanto, o foco parece mudar para as consequências negativas, que não são diretamente visíveis do ponto de vista do operador, que são produzidas pelo próprio padrão.

Com base nisso, é possível formular três teses gerais sobre a reconstrução sociológica de um conceito de justiça.

a) Semelhante à eficácia, eficiência ou adequação funcional, a busca por uma melhoria no *desempenho* em termos de justiça requer, em diferentes sistemas sociais, uma comparação que não é possível, ou pelo menos é muito difícil de realizar em termos absolutos. O grau de justiça, ou injustiça, é identificável de acordo com um *continuum* e não pode ser rastreado até uma separação binária única. O que pode parecer certo em uma determinada situação não exclui, em outras situações, a possibilidade de melhor justiça.

Portanto, é possível falar de "maior" ou "menor" justiça, enquanto a justiça completa é, como tal, inatingível para tomar o exemplo de pagar impostos e determinar certas taxas fiscais em proporção à renda. Mesmo que uma política de justiça fiscal seja desenvolvida com base nesse instrumento, ninguém pensará que apenas uma progressão pode ser a certa. Se, como é provável, a variável de tempo também for levada em conta, será necessário, no decurso de um julgamento, equilibrar o maior grau de justiça que pode ser obtido apelando para um tribunal superior, com a probabilidade de obter um julgamento justo em tempos aceitáveis. Em suma, a busca por justiça é oportunamente limitada, e não pode substituir o valor absorvente da resolução oportuna de conflitos.

b) A revisão empírica destinada a delimitar em casos individuais o conceito de justiça deve tender a se concentrar principalmente na presença de elementos de "injustiça". É a injustiça que normalmente gera reações fortes e generalizadas e pode causar escândalo. Um mecanismo semelhante aplica-se aos controles observados com antecedência, onde a reação ao aspecto negativo torna visível o positivo. Que a injustiça de uma certa padronização levante o alarme de uma auditoria crítica culturalmente, é verdade para o comportamento claramente criminoso, e ainda não necessariamente injusto do ponto de vista da cultura jurídica externa. É visto, como exemplo, a elaboração artística de dois crimes aparentemente semelhantes apresentados em um filme do neorealismo italiano, *Ladrões de Bicicleta,* de Vittorio de Sica. No filme apenas um roubo, o sofrido por um pai da família para quem a bicicleta é a única ferramenta de trabalho, é considerado excepcionalmente injusto, enquanto o que ele perpetrou para recuperar a oportunidade de trabalhar imediatamente aparece para o público completamente compreensível e justificável. O sucesso deste filme no mundo mostra a vastidão das possibilidades interculturais e a convergência de tais indicadores de injustiça.

c) Um controle factual da justiça requer uma análise complexa dos efeitos e dos efeitos dos efeitos que devem ser um pouco delimitados, levando em conta, não tanto as intenções da norma, mas a demanda por justiça perceptível em um determinado momento histórico. Que o turno da noite, como outros empregos particularmente pesados, não seja devidamente pago ou possa se tornar objeto de um acordo de negociação sindical para encontrar a encruzilhada entre a avaliação dos trabalhadores e a dos empregadores. No entanto, isso não exclui, pelo contrário, que, entre os efeitos do trabalho em questão, possa haver alguns que não sejam diretamente percebidos como injustamente arriscados, mesmo por aqueles que os sofrem. Por conseguinte, será possível verificar em casos individuais se os trabalhadores estão expostos a riscos socialmente intoleráveis e, por conseguinte, injustos, e se a redução destes riscos é objeto de compromissos especiais por parte dos empregadores e das estruturas públicas. No entanto, a longo prazo e de uma perspectiva intersistêmica, mesmo um acordo bem pago que tem consequências negativas para a privacidade ou a coesão familiar pode parecer injusto.

O controle da justiça, com base, como vimos, na expansão progressiva dos demais critérios de controle, acaba assumindo um direito capaz de oferecer um código de comunicação especializado em ser capaz de conectar diferentes áreas funcionais utilizando uma opinião pública diferenciada e em mudança. Isso significa que a especificidade do direito não resulta mais da posse de um certo código rigidamente binário "lícito"/"ilícito" (*Recht/Unrecht*) para se opor aos outros códigos que caracterizam os demais subsistemas, mas da posse de um metacódigo capaz de conectar a uma extensão generalizada os códigos de diferentes subsistemas sociais. Nessa perspectiva, o direito torna-se uma espécie de metacomunicador social que garante a circulação de informações, traduzindo-as em uma linguagem transversal, através da qual a justiça pode ser generalizada e, portanto, tornada suscetível a ser realizada em diferentes subsistemas sociais, como a "compatibilidade funcional intersistêmica".

Neste contexto, a "autopoiese"[108] do direito não só pode ser interpretada apenas como o fechamento de um sistema que afirma impor um código próprio às suas comunicações, mas também como a capacidade do sistema jurídico de perceber e traduzir em seu código as informações necessárias para seu funcionamento para que ele possa corrigir suas estruturas regulatórias.

O terreno em que a justiça é medida no campo sociológico está tão intimamente ligado à situação social do momento que é impossível cobrir, ou ignorar, as conexões intersistêmicas que são relevantes. Isso significa que, na articulação da dicotomia cognitiva/normativa, que está subjacente a cada evolução do direito, culturas jurídicas internas e externas, ou seja, as perspectivas dos operadores e dos usuários, devem preparar níveis complexos de observação com capacidades de autocrítica.

As diferenciações internas entre os vários exemplos de reflexão sobre o direito envolvem uma reflexão crítica sobre vários níveis, capaz de absorver, com diferentes acentos, não só os controles de eficácia, eficiência e funcionalidade, mas, até certo ponto, também o controle da justiça.

Além disso, os vários controles "racionais" do direito previamente indicados, mesmo os mais solidários com a justiça, parecem "reentrar" no tecido legal onde os resultados alcançados por meio de processos de auto-observação são feitos por instâncias diferenciadas pertencentes ao sistema jurídico.

Os vários elementos que formam o direito, ou seja, processos legais, administrativos e legislativos, aparecem neste contexto, como muitos casos destinados a estabilizar, selecionar e variar o conteúdo regulamentar. A doutrina assume, portanto, a tarefa de dar unidade à sua ação, proporcionando ao sistema uma autorrepresentação consistente.[109]

Para poder levar em conta o caráter intersistêmico que o conceito de justiça reflete sobre o direito, é necessário não subestimar a importância

[108] Cf., TEUBNER, Gunther. *O direito como sistema autopoiético*. Tradução de José Engracia Antunes. Lisboa: Fundação Calouste Gulbenkian, 1993.

[109] Para uma teoria de "formações", ver SACCO, Rodolfo. Introduzione al diritto comparato. 3. ed. Giappichelli: Torino, 1989.

das conexões com áreas que com ele fazem fronteira e que são capazes de atribuir possibilidades mais amplas de aprendizagem às estruturas regulatórias. Por conseguinte, é necessário ter em conta a posição fronteiriça dos principais elementos internos/externos do sistema jurídico (constituição, democracia, mercado). Estes, superando fechamentos insustentáveis, são capazes de ajudar a ligar o direito ao resto da sociedade através de um circuito comunicativo que restaura cognitivamente o direito interno da sociedade depois de trazê-lo para a sociedade.

As hipóteses baseadas no funcionamento típico de grandes integrações sociais vistas como conjuntos de elementos interligados entre si, parecem ser diversificadas nos vários setores, mas também interligadas por ferramentas de "acoplamento estrutural".[110] A Constituição tende a exercer a sua função de estabilização, baseando-se nos processos de tomada de decisão dos tribunais constitucionais, que estão cada vez mais explicitamente a apresentar-se como instrumentos de "acoplamento estrutural", abertos a uma relação entre o sistema político e a cultura jurídica interna, ou entre este último e sistemas tão diversos como o da religião. Em suma, representam o órgão mais político do poder judicial e o órgão mais judicial do sistema político, e confiam sua constante atualização a um diálogo constitucional interestatal que segue as regras de comunicação adequadas aos critérios de justiça destinados a se consolidar por meio de processos de tentativa e erro.

Em segundo lugar, os procedimentos eleitorais também tendem a assumir a função e as ferramentas do "acoplamento estrutural". Eles são capazes de abrir periodicamente estruturas democráticas para a contribuição decisiva da cultura jurídica que, através da revisão das estruturas majoritárias que determinam a legislação, fornecem acesso à novas fontes que alteram o conteúdo das estruturas regulamentares de uma forma imprevisível e passível de constante revisão.

Quanto ao mercado, ele também é capaz de se apresentar como uma ferramenta de "acoplamento estrutural", pois, influenciando as tendências de preços de forma geralmente impessoal, ele ajuda a selecionar possibilidades de tomada de decisão legalmente relevantes através de miríades de decisões econômicas individuais que tendo fragmentado

[110] Cf. LUHMANN, Niklas. *Das Recht der Gesellschaft*, p. 266 [trad. ingl., p. 250-251; trad. esp., p. 328; trad. port., p. 354-355].

fortemente o circuito normativo/cognitivo de autocorreção, são encontrados para ser constantemente revistos, de modo a produzir, como um todo, consequências que não são totalmente previsíveis.

FIGURA 2
Pressupostos intra e intersistêmicos de controle da justiça

Momentos autopoiéticos	**Circuito interno**	**Circuito externo**
Estabilização	Jurisprudência	Constituição
Seleção	Administração	Mercado
Variação	Legislação	Democracia
Autorrepresentação	Doutrina	Opinião pública

8.
Da Autopoiese à "fórmula de transcendência": das comunicações binárias às redes comunicacionais

8.1. Autopoiese

Autopoiese é um conceito cuja denominação deriva do grego (*autopoiesis*). Seu significado literal é autoprodução. O termo foi utilizado em vários âmbitos, do científico, da biologia ao direito. No campo da biologia Maturana e Varela definiram "autopoiético" como um sistema capaz de se reproduzir autonomamente, sejam os próprio componentes, sejam as relações que unem o conjunto.[111] Com isso, as transformações de um organismo, mesmo as mais profundas, não colocam em discussão a sua identidade (se pensam nas contínuas e profundas mudanças que todo ser humano registra na passagem da própria vida). Obviamente o nível da autopoieticidade pode variar em um mesmo organismo conforme o seu grau de complexidade, vale dizer, da sua capacidade de adaptar-se ao ambiente. Se pode, assim, distinguir, no campo da biologia, entre sistemas autopoiéticos mais simples – também chamados de primeira ordem – que são similares às células e aos organismos unicelulares e sistemas autopoiéticos mais complexos – de segunda ordem – como o exemplo do organismo humano.

[111] MATURANA, Humberto R.; VARELA, Francisco J., *Autopoiesis and cognition*. The realization of the living. Dordrecht-London, Reidel, 1972.

A autopoiese foi utilizada no campo do direito pela teoria dos sistemas para resolver o fundamental problema de delimitar externamente um sistema nos confrontos do seu ambiente sem excluir a capacidade do sistema de introduzir ao seu interno mudanças que asseguram a sobrevivência. Em particular, a teoria dos sistemas considera o sistema jurídico em grau de gerir as relações entre os próprios elementos com diversos níveis de complexidade segundo os níveis conforme complexidade do ambiente e da própria especifica normatividade capaz de atingir a níveis de generalizações superiores aqueles dos outros sistemas normativos. Em suma, o direito como um organismo vivo é capaz de autoproduzir-se e de sobreviver mudando a si mesmo de modo autônomo para ser sempre mais adaptado a desenvolver a própria tarefa em uma sociedade em constante mudança[112]. Os limites externos do sistema jurídico se ampliam se a complexidade do sistema cresce e o horizonte do sistema amplia a complexidade do sistema.

O conceito do direito autopoiético apresenta-se como superação de uma conexão hierarquia do sistema jurídico que se proponha autoritariamente a pôr limites às suas possibilidades de mudanças (em uma perspectiva hierárquica se possam mudar as normas somente se tal mudança permanecem entre os limites postos pelas normas superiores). Para tutelar a própria autônoma capacidade de mudança o sistema jurídico adota de fato uma perspectiva cíclica, baseada sobre uma contínua mutação de informações entre todos os elementos do sistema jurídico e o seu ambiente.[113] Um sistema não pode reagir ao que não vê e vê somente ao que pode reagir. Isso não é voltado a um objetivo por si próprio, uma vez atingindo o objetivo, restaria privado de sentido, mas é voltado a funções especificas que se renovam continuamente. Para o sistema jurídico a principal função – a manutenção da coerência e gene-

[112] LUHMANN, Niklas. The autopoiesis of social systems. In: LUHMANN, Niklas. *Essays on self-reference*. New York: Columbia University Press, 1990, p. 1-21; LUHMANN, Niklas. The Unity of the Legal Systems. In: TEUBNER, Gunther. *Autopoietic Law*: A New approach to law and society. Berlin-New York: Walter de Gruyter, p. 12-35; LUHMANN, Niklas. Closure and openness: On reality in the world of law, p. 335-348.

[113] De fato, já na sociologia do direito, é clássico o contraste da sociologia ao normativismo vem na onda de necessidades polêmicas para assumir o caráter radical de uma alternativa real. Cfr. exemplo, a controvérsia Ehrlich/Kelsen in H.Kelsen, E.Ehrlich, M.Weber, *Verso un concetto sociologico di direito*, Milano, Giuffré, 2010 (p. 3-72).

ralização das expectativas normativas integradas socialmente – vem identificada ciclicamente valendo-se de uma série de fases funcionais entre as suas conexões (estabilização, seleção, variação, restabilização) que caracterizam as modalidades de reações do sistema ao ambiente.

Com efeito, para transferir um conceito como aquele de autopoiese dos sistemas biológicos a fenômenos sociais complexos é necessário articulá-lo sobre a base da aplicação conjunta dos conceitos de "fronteira" e de "comunicação". O direito autopoiético aparece como um sistema social que, para definir os próprios limites, utiliza rígida dicotomia (lícito/ilícito), transformam as "comunicações" provenientes do exterior em um modo por assim dizer "cego", isto é, sob base de sinais que, atravessam uma série de filtros intermediários, deixando indiretamente a atingi-lo[114]. Isso significa que a "autopoiese" do direito mantém uma relação com o seu ambiente em alguma medida aberta. Se assim não fosse, se nisso o sistema conversasse de modo direto com o seu ambiente, e não indiretamente com as imagens do ambiente recebidas dos seus canais comunicativos, o sistema perderia a própria identidade e se fundiria por assim dizer na liquidez do seu ambiente.

Pode-se afirmar que o conceito de autopoiese é o resultado de um esforço, não definitivamente concluído, o qual mescla elementos da teoria dos sistemas com elementos da tradição sociológico-jurídico. Para concentrar a atenção sobre os processos internos ao direito como sistema autopoiético que o colocam em grau de modificar-se mediante o filtro de especiais sensores internos, foi introduzido o conceito de "hiperciclo". Isso destaca que os diversos componentes do sistema jurídico (procedimento jurídico, ato jurídico, norma jurídica, dogmática jurídica) operam em modo diferenciado, mas reciprocamente complementar. Somente a sua combinação concorre a gerir solicitações provenientes do exterior do sistema. Utilizando neste contexto as três fases funcionais dos sistemas autopoiéticos (seleções, variações, estabilizações) pode-se dizer que a fase da seleção é tipicamente assumida pelas estruturas administrativas, a fase pela variação, da legislação e a fase da estabilização pelos procedimentos jurisprudenciais. Enfim, a fase da autorrepresentação das estruturas dogmático-conceituais pode ser atribuída à doutrina, que desenvolve

[114] Neste sentido, Edgar Morin afirma que "L'ouvert s'appuye sur le fermé". MORIN, Edgar. *La méthode*, vol. I, La nature de la nature, Paris: Seuil, 1977, p. 197 ss.

a tarefa de dar unidade e coerência à integralidade sistêmico. No seu conjunto esses componentes formam um "hiperciclo interno" que, graças à sinergia que os une e articula, é capaz de assegurar uma resposta adequada do direito autopoiético ao seu ambiente, a qual consiste em atingir um precário equilíbrio para constantemente revê-lo[115].

QUADRO 4
O hiperciclo intrassistemico do direito autopoiético

Funções autopoiéticas	Circuito interno
Estabilização	Jurisprudência
Seleção	Administração
Variação	Legislação
Autorrepresentação	Doutrina

De todo o exposto, destaca-se, pois, que o modelo do direito autopoiético não tem somente uma base teórica. A mudança de perspectiva da abordagem autopoiética tem consequências também práticas. Em torno disso depende a possibilidade de defender a sobrevivência de todo sistema autopoiético que como o sistema jurídico seja dotado de capacidade de auto-observação e de autoconsciência. O sistema jurídico autopoiético se coloca, em suma, ao encontro de duas sensibilidades diversas, aquela dos operadores jurídicos sempre mais desorientada sobre plano decisional pelo inegável afastamento do real funcionamento do direito das próprias expectativas, e aquela dos sociólogos que procura se enquadrar em uma visão mais ampla da realidade jurídica os problemas que são considerados insolúveis pela inadequação de um normativismo rigorosamente formal.

É apenas o caso de observar nesse contexto que a abordagem autopoiética constitui um modo de representar o direito a partir do próprio direito e, por conseguinte, de mostrá-lo como um caso de autopoiese em grau de influenciar a realidade que se propõe a respeitar.

[115] Cf. TEUBNER, Gunther. *O direito como sistema autopoiético*, p. 64 e ss. O esquema aqui exposto foi simplificado por razões didáticas.

8.2. Os Problemas

O modelo de direito como sistema autopoiético deixa de dar uma resposta satisfatória aos maiores problemas da sociologia jurídica, a saber: da gênese, da eficácia e da mudança do direito. Tais problemas resultam a sua volta conexos a outros tantos conceitos conexos ao de direito (respectivamente direito como norma, como fato e como valor).

a) Ao problema da gênese do direito foi dado no passado uma resposta aparentemente exaustiva: o normativismo, porém, garantiu a continua mutabilidade do direito e a manutenção da sua identidade utilizando, seja o princípio temporal de que o direito sucessivo substitui aquele precedente, seja o princípio procedimental de que o novo direito vem produzido conforme normas procedimentais previamente previstas [116]. Essa representação do sistema jurídico aparece fortemente redimensionada para uma leitura antropológica do direito que destaca o papel exercido, de um lado, das normas estatais, e, de outro lado, das normas sociais que não somente integram o direito estatal, mas o fazem possível criando um ambiente normativo capaz de sustentar a sua força e a credibilidade. Essa estabilização das normas se encontra nos ordenamentos por meio de uma abordagem não somente normativa, mas também cognitiva. Resulta, assim, possível para o direito como sistema autopoiético considerar o impacto das normas jurídicas estatais que se pretende introduzir e cognitivamente as possíveis utilizações das normas sociais a sustentar a integração das normas jurídicas estatais.

b) O problema da eficácia do direito teve no passado uma articulada resposta da Teoria Geral do Direito de inspiração normativista, distinguindo um dúplice nível normativo. A norma de previsão de comportamento de seus destinatários vinha fundamentada em uma posterior norma voltada aos operadores que tendiam a intervir em caso de violação da norma de comportamento. Nessa perspectiva, o desvio dos comportamentos efetivos com respeito à norma vinha reconduzido a uma sorte de patologia social geralmente controlada pelo mesmo direito que, mediante a efetiva aplicação de uma sanção, revitalizava a norma violada. Em polêmica com o normativismo, o realismo considera a violação da norma um

[116] Cf. FEBBRAJO, Alberto. *Sociologia del direito. Concetti e problemi*, Bologna, Il Mulino, 2009.

simples dado estatístico que deve ser levado em consideração em caso de falta de observação dos destinatários e de falta de reação dos aparatos ou dos outros envolvidos. Essa representação do sistema jurídico não vê no juiz um mero intérprete formal da norma: o reconhece com um papel determinante para sustentar ou reinterpretar em modo também criativo as normas do Estado. Tais representações podem facilmente reentrar em um modelo autopoiético uma vez que nele há uma visão mais cognitiva do que normativa do direito. A seleção da decisão para buscar resolver o caso único resulta assim inspirada não tanto por um princípio de certeza formal, mas por um princípio cognitivamente aberto à consideração das normas sociais. Volta-se, assim, a manter-se dentro de limites de suportabilidade social a inevitável incerteza das decisões dos operadores.

c) Quanto ao problema da mudança dos conteúdos do direito, busca-se dar resposta no passado a uma leitura normativa do papel da constituição[117] vista como supremo controlador do sistema e, por isso, como instância capaz, se necessário, de considerar inconstitucional uma norma do Estado que muda o ordenamento em desconformidade com a sua identidade. Dessa interpretação, destaca-se o jusnaturalismo que considera o direito dependente não tanto de normas inferiores, mas de determinados valores que constituem as verdades dignas de canalizar a mudança do direito. Para evitar, por outro lado, um uso de valores, que não leve em conta os vínculos que o seu real sentido comporta, resulta evidente a impossibilidade de realizar um eficaz projeto de planejamento da integridade da sociedade sem colocar considerações de caráter intersistêmico diante de carácter cognitivo outras que normativo[118].

[117] Cf. SEARLE, John R. Social Ontology: Some Basic Principles. *Anthropological Theory*, 2006, n. 6, p. 12-29.

[118] A combinação dos dois aspectos está informalmente presente em qualquer ajuste que exija, antes de tudo, o "conhecimento" do que, como e quando "deveria" ser ajustado.

QUADRO 5
Problemas do direito e funções autopoiéticas

Problemas	**Fundamentação tradicional**	**Momentos funcionais**	**Alternativas**
Gênese	Normativismo (Normas)	Estabilização	Regulação/ desregulação
Eficácia	Realismo (Fatos)	Seleção	Certeza/ incerteza
Evolução	Jusnaturalismo (Valores)	Variação	Funcionalidade/ disfuncionalidade

Paralelamente a esses problemas encontra-se o problema, de caráter metodológico, enfrentado por um direito, como o autopoiético, tipificado pelos momentos normativos/cognitivos que correspondem ao fechamento/abertura do sistema. A síntese desses aspectos assegura uma estabilização fruto da observação das fronteiras do direito, em meio às quais a variação é filtrada por uma específica seleção que consiste em interiorizá-la, mesmo tomando em consideração o fato de ser ela proveniente do ambiente do sistema.

O modelo do direito autopoiético não tem necessidade de uma norma fundamental e de uma estrutura hierárquica para manter a concretização da sua própria unidade enquanto se vale de uma rede comunicacional capaz de desenvolver um fundamento normativo e cognitivo adequado a autorregular-se, e a não fechar os olhos diante dos limites que o separam dos modelos de comportamento autonomamente consolidados na vida social[119]. O modelo do direito como sistema autopoiético consiste, todavia, em reconsiderar o papel do Estado e da sua Constituição. Nessa perspectiva, a constituição é considerada não como o ponto mais compreensivo da qual um sistema jurídico pode ser reconhecido, mas como o principal canal de comunicação do sistema jurídico.

Na óptica autopoiética resulta extremamente relevante, de um lado, o estudo das "constituições estatais" e, do outro, as "constituições sociais" que operam em nível transnacional estruturando, em modo

[119] Cf. LUHMANN, Niklas. The Unity of the Legal System, p. 24.

autorreferencial e espontâneo, novos sujeitos portadores de interesses não limitados a um só Estado e que ocupam espaços supranacionais diante dos direitos nacionais.[120] A sensível expansão das constituições sociais que se colocam em nível multidimensional de um direito exposto a um desordenado globalismo e a um emergente nacionalismo pode ser utilmente analisada em uma perspectiva autopoiética que renuncia a ser estatalista.

Além do mais, o Estado passa ser crescentemente contestado em sua função de coluna fundamental da sociedade o que implica o redimensionamento de todos os seus pilares tradicionais: território, povo, soberania.

a) Quanto ao território, é evidente que a originária concretude dos seus limites espaciais se estilhaça frente à imersão de interesses organizados não mais ligados à dimensão do Estado;
b) o povo, não resulta delimitável, em uma dimensão social, como horizonte para referências culturais comuns radicadas em um passado consolidado, mas tende a figurar como horizonte de pontos de referências heterogêneos dificilmente reconduzíveis a uma visão cosmopolita;
c) a soberania deve levar em conta, em uma dimensão substancial, os crescentes vínculos externos que reduzem sensivelmente as concretas possibilidades de decisões individuais do Estado. Fala-se, desse modo, em uma "soberania limitada" que, como ensina a experiência da União Europeia, pode ser provocada por influências diretas do tipo oligárquico que reduzem as possibilidades de decisões à disposição do sistema jurídico.[121]

De frente a essa tradicional e amplamente divulgada percepção do Estado, ocorre, de outro modo, perguntar se se trata aqui de acreditar

[120] TEUBNER, Gunther. Constitutional Fragments. Societal Constitutionalism in the Globalization, Oxford University Press, 2012.

[121] Cf. FEBBRAJO, Alberto. Limiti della regolazione giuridica nelle crisi intersistemiche. In R. BIFULCO, Raffaele; ROSELLI, Orlando (eds.). *Crisi economica e trasformazioni della dimensione giuridica. La costituzionalizzazione del pareggio di bilancio tra internazionalizzazione economica, processo d'integrazione europea e sovranità nazionale,* Torino, Giappichelli, 2013, p. 25-44.

menos na credibilidade de um certo modelo de Estado provavelmente mais realizado na sua autopoieticidade.

A atual crise dos elementos típicos do Estado e as emergentes alternativas pós-estatais ampliam posteriormente os espaços do direito autopoiético, podendo ser resumindo no quadro seguinte:

QUADRO 6
Transformações do Estado no direito autopoiético

Elemento	Dimensão	Alternativa	Funções do Estado caracterizante Pós-Estatal autopoiéticas
Povo	Social	Cosmopolítico	Estabilização
Território	Espacial	Limites virtuais de sentido	Seleção
Soberania	Substancial	Oligarquia transnacional	Variação

8.3. As aplicações

O direito autopoiético coloca, como visto, o centro da atenção nos elementos principais de um sistema jurídico, as suas relações recíprocas e aquelas com o ambiente, sempre concentradas no âmbito de uma perspectiva jurídica do funcionamento do sistema. Contudo, mediante quais instrumentos complementares pode ser considerado operativo o ambicioso programa de um direito autopoiético que deveria controlar-lhe em modo reflexivo e autorreferencial?

Limita-se aqui a indicar três a título ilustrativo: a) a *reflexividade* do direito, que utilizando a distinção cognitivo-normativo, destaca a capacidade do direito de aprender sobre o objeto da sua regulação fazendo referência, no momento de selecionar a decisão, a um pluralismo respeitoso das persistentes regras sociais para poder ser denominado *ecológico*; b) a *policontextualidade*, que utilizando a distinção funcional/disfuncional destaca a capacidade do direito de influenciar contemporaneamente mais ambientes sociais, privilegiando o momento da estabilização mediante um pluralismo que pode se dizer dialógico; c) a *interpenetração* que, utilizando a distinção relevante/irrelevante, destaca a possibilidade que os mesmos eventos estejam presentes em mais sistemas (por exemplo, um contrato pode ser juridicamente e economicamente relevante) e a necessidade que o sistema jurídico se oriente pelos "ruídos" provenientes dos outros sistemas para traduzir-los na linguagem jurídica de modo a fazer referência a um pluralismo que pode ser considerado comunicativo.

A complementariedade dos três instrumentos ora vistos supõe que eles possam ser coligados às três funções da autopoiese (seleção, estabilização, inovação), aos respectivos códigos binários e aos diversos tipos de pluralismo que eles representam.

QUADRO 7
Os três níveis de autopoieticidade do direito

Modelos	**Tipos de pluralismo**	**Códigos binários**	**Funções autopoiéticos**
Reflexividade	Ecológico	Cognitivo / Normativo	Estabilização
Policontextualidade	Dialógico	Funcional / Disfuncional	Seleção
Interferência	Comunicativo	Relevante / Irrelevante	Variação

Com esses e outros instrumentos,[122] o modelo de direito autopoiético se propõe gerir as relações entre normas jurídicas e regras sociais, sobre as quais se baseia todo tipo de pluralismo, para manter relações cíclicas nos confrontos do ambiente.

Isso explica o caráter interssistêmico do direito autopoiético que absorve a tensão entre normas jurídicas e regras sociais, sobre as quais se baseia toda forma de pluralismo. Em tal contexto assume particular importância uma instância "crítica" fundamental, o conceito de justiça, que por si não aparece exaurível no interior do sistema jurídico.

[122] Cf. TEUBNER, Gunther. *Il direito come sistema autopoietico*. Milano: Giuffré, 1996.

O conceito de justiça foi indevidamente ligado a uma perspectiva "subversiva" no que diz respeito ao direito positivo.[123] Todavia, prosseguindo na linha interpretativa aqui indicada, pode-se também dizer que um conceito aparentemente externo às normas jurídicas, como aquela da justiça, aparece "reentrar" no mais compreensivo modelo de direito autopoiético na medida em que tematiza o limite da perspectiva técnico-jurídica e a necessidade de superá-la com um controle capaz de verificar se certas decisões comportam custos excessivos para os seus destinatários, sendo, por esse motivo, considerada autopoieticamente injusta.[124]

O conceito de justiça, assim entendido, resulta coligado seja ao modelo de direito reflexivo, na medida em que tal modelo tematiza o limite da perspectiva técnico-jurídica e a necessidade de superá-la em uma perspectiva não exclusivamente normativa mas cognitiva, seja ao modelo do direito policontextual, na medida em que tal modelo conecte as decisões jurídicas também a sistemas diversos para quais diretamente demonstra consideração, seja ao modelo da interpenetração, na medida em que tal modelo registra a possibilidade relevante de um mesmo evento em mais sistemas. Em tal modo, o conceito de justiça resulta conexo ao mais amplo modelo de direito autopoiético na medida em que tal modelo, integrando as perspectivas precedentes, pode assegurar a capacidade das decisões jurídicas de adaptar-se ao sistema social na sua complexidade sendo capaz de rever, corrigir e reformular as próprias normatizações[125].

Tal tipo de argumentação pode levar a entender o controle da justiça, não somente como uma fonte de redução da irracionalidade no mundo racional do direito, ou como tradicional controle de igualdade e

[123] TEUBNER, Gunther. *Selbstsubversive Gerechtigkeit: Kontingenz- oder Transzendenzformel des Rechts?*, in *Zeitschrift für Rechtssoziologie*, I, 2008.

[124] Um exemplo é o tema do conhecido filme "Ladrões de Bicicleta" de Vittorio de Sica. O roubo de uma bicicleta sofrida por um trabalhador, que perde sua ferramenta de trabalho, é representado como incomparável, para uma justiça que não é apenas formal, com o roubo de uma bicicleta que a vítima do primeiro roubo é forçada a realizar para voltar ao trabalho. No segundo caso, fica claro que os efeitos de uma possível condenação do ladrão/vítima seriam desastrosos até mesmo em sistemas sociais interconectados, como o de sua família, e, portanto, seriam vistos como injustos.

[125] Por exemplo, no caso da determinação das alíquotas em proporção à renda, o legislativo que persegue explicitamente e exclusivamente uma política de equidade fiscal certamente não terá à sua disposição apenas "a" progressão que possa considerar justa.

reciprocidade, mas como: a) controle dos efeitos, e dos efeitos dos efeitos, das decisões jurídicas que, para não ser reiterados ao infinito, seriam delimitados por algo posto como "justo"; b) critério de "suportabilidade" dos diversos subsistemas sociais interessados na normatização jurídica para verificar eventuais disfuncionalidades nos diversos âmbitos sociais ou em situações que possam ser consideradas injustas.

Obviamente, mais ainda do que a justiça, o critério majoritariamente visível aparece ser aquele da injustiça. E a injustiça que gera normalmente reações fortes e difundidas pode provocar escândalo fazendo tocar uma "campainha de alarme" cultural, que não deveria fugir há um direito autopoiético, nos confrontos de regulações incompatíveis com o ambiente social.[126] Pode-se, dessa forma, falar, não tanto da alternativa justiça/injustiça, mas de "maior" ou "menor" justiça, devendo ser individualizado o grau de justiça e o de injustiça segundo um contínuo e não segundo uma simples alternativa binária.[127]

Em geral, o modelo de direito autopoiético consiste de entreter relações intersistêmicas, combinando assim manutenção dos limites e estímulo a uma ampla esfera de comunicações. Em tal contexto se coloca a constituição, a qual pode ser vista como um exemplo de "acoplamento estrutural" (*structural coupling*),[128] uma vez que é capaz de coligar de forma estável sistema político e sistema jurídico. A Corte constitucional

[126] A necessidade de um turno noturno mais remunerado, como outros empregos especiais, pode se tornar objeto de negociação sindical para encontrar o ponto de mediação de todos os interesses em jogo, mas tal negociação, para ser justa, terá que manter também levam em conta os possíveis efeitos negativos do trabalho em questão em áreas diferentes da econômica. Portanto, a longo prazo e uma perspectiva intersistêmica, um acordo bem pago que tem consequências negativas para a privacidade dos trabalhadores ou coesão familiar pode ser injusto.

[127] No mesmo espírito Ulpiano (Ulp. 1 Inst.) fala de juristas "aequum ab iniquo separantes, licitum ab illicito discernentes" isso alude à necessidade de combinar mais critérios culturais (separantes) e critérios mais técnicos (discernentes) em uma complexa estratégia de decisão.

[128] A justiça de uma decisão exige que, no curso de cada julgamento, o (possível) maior grau de justiça obtido através de uma extensão do processo, com os custos sociais mais elevados e o prolongamento da incerteza, seja cuidadosamente equilibrado, o que isso inevitavelmente implica. Essa economia de tempo, mas também uma abertura provavelmente maior equitativa torna instâncias autopoéticas alternativas (justiça informal) muitas vezes mais palatáveis na resolução de conflitos do que as hierárquicas-formais.

em particular pode ser vista como o organismo mais político do sistema judiciário e o organismo mais judiciário do sistema político. Ela não somente mantém constante contato entra sistema jurídico e sistema político, mas tende a exercer complexas funções de seleções, estabilizações e variações confiando a própria racionalidade a uma espécie de "diálogo constitucional" que interessa nos respectivos âmbitos de competência, não somente outros sistemas jurídicos, mas também de outros subsistemas como os da economia e da religião. Assim, nas suas relações com a economia, o sistema jurídico pode construir a própria ordem e as próprias normas recebendo seletivamente solicitações econômicas, mas somente se e na medida em que elabore uma reconstrução "jurídica" da evolução econômica que, por isso mesmo, poderá ter sentido para a própria economia. De resto, também a imersão ao lado as "constituições estatais" de "constituições sociais" que operam em nível transnacional é suportada por novos sujeitos portadores de interesses não somente na economia, mas também na ciência e na tecnologia, na medicina, nas novas mídias, etc.

O caráter intersistêmico se estende também a todos os instrumentos de "acoplamento estrutural" que materializam as ligações cíclicas, não hierárquicas, entre direito e outros sistemas sociais. Em tal contexto, é possível se aproximar ao hiperciclo interno, já visto, também um "ultraciclo" capaz de compreender os processos autopoiéticos de diversos sistemas sociais e de aumentar a sensibilidade intersistêmica[129] .

É apenas o caso de observar que circuitos comunicativos intersistêmicos podem reproduzir-se e autorreforçar-se também em modo negativo e incontrolável. Vários são hoje os casos desses circuitos intersistêmicos potencialmente negativos: doping no esporte, que reflete uma competição paralela entre químicos de forma menos visível do que a competição entre atletas; ameaças à liberdade de opinião por meio obras de operadores privados que divulgam na Internet notícias não verificadas e talvez não verificáveis no exercício da sua liberdade de opinião; riscos generalizados

Cf. LUHMANN, Niklas. *Das Recht der* Cf. LUHMANN, Niklas. *Das Recht der Gesellschaft,* p. 266 [trad. ingl., p. 250-251; trad. esp., p. 328; trad. port., p. 354-355].

[129] LUHMANN, Niklas. *Das Recht der Gesellschaft,* p. 453 [trad. ingl., p. 391; trad. esp., p. 521-522; trad. port., p. 607].

de catástrofe em mercados financeiros globais destinados à consecução das melhores valorações dos riscos[130].

Não obstante, apesar do guarda-chuva protetivo dos instrumentos seletivos como o código binário lícito/ilícito, o direito estatal aparece sempre mais exposto às inumeráveis interseções sistêmicas que se verificam quotidianamente na vida social, o que comporta também um evidente afivelamento da sua voz em um coro de instâncias externas politicamente e economicamente relevantes. Em particular, a fragmentação das fontes do direito autopoiético não poderá deixar imutáveis os termos da relação das normas jurídicas e sociais com a política[131]. Importante, nesse contexto, individualizar qual o papel poderia reservar à política um direito autopoiético. A política deveria evidentemente encontrar um espaço para as inumeráveis relações intersisstêmicas presididas pelo sistema político, dentre as quais as relações entre direito e economia que têm os seus pontos de encontros, por vezes disfuncionais, no mercado, e as relações entre política, direito e opinião pública, que têm o seu ponto de encontro, por vezes insuficientes em termos de legitimidade, nos procedimentos democráticos.

8.4. Uma nova comunicação

O direito como sistema autopoiético, tal como descrito acima, tem o mérito de proporcionar um modelo capaz de conservar a própria identidade por ser constantemente exposto à diversidade da comunicação social e ao mesmo tentar ser exitoso em manter a sua identidade por meio do binarismo de seu código. Assim o redimensionamento do papel de um Estado que desenvolvera uma função coordenadora e unificadora

[130] Cf. FEBBRAJO, Alberto. *The Failure of Regulatory Institutions-A Conceptual Framework*. In: P.F. KJAER, Poul F.; TEUBNER, Gunther; FEBBRAJO, Alberto (eds.). *The Financial Crisis in Constitutional Perspective. The Dark Side of Functional Differentiation*, cit., pp. 269-302.

[131] Cf. LINDAHL, Hans. Societal Constitutionalism as Political Constitutionalism: Reconsidering the Relation between Politics and Global Legal Orders. *Social and Legal Studies*, 20/2, 2011, p. 230- 247; PŘIBÁŇ, Jiří. Constitutionalism as Fear of the Political? A Comparative Analysis of Teubner's Constitutional Fragments and Thornhill's A Sociology of Constitution.*Journal of Law and Society*, 2012, p. 441-471.

da produção normativa,[132] parece balanceado por um direito autopoiético que permanece autonomamente a estabilizar, selecionar e variar os próprios conteúdos em modo cíclico.

Ressalta-se, porém, que em uma sociedade complexa, as hipóteses que se possa atingir a um desenvolvimento homogêneo de um direito capaz de levar em conta as relações entre regras sociais e normas jurídicas em todos os âmbitos da sociedade resulta altamente improvável. Serão, no entanto, âmbitos nos quais o direito autopoiético apresenta fronteiras dotadas de maiores porosidades, que poderão registrar maiores aberturas às solicitações externas. Outros âmbitos podem manifestar atitudes de maior fechamento diante das solicitações ou irritações voltadas a outros subsistemas sociais. A referência ao modelo do direito autopoiético poderia servir como um tipo ideal útil para mensurar a volta da práxis decisional de tal modelo.

Para levar em conta os diversos aspectos do direito autopoiético se faz necessário superar as imprecisões derivadas da falta de uma nomenclatura idônea a identificar nos detalhes os carácteres específicos de tal modelo do direito. Ocorre, com efeito, dispor de propostas terminológicas ainda mais articuladas se comparadas àquelas disponíveis não somente na semântica tradicional, mas também naquela da teoria dos sistemas.[133]

Em geral, como um direito liberado, ao menos em parte, da sua tradicional conexão com o Estado e fragmentado em constituições sociais, o "funcionalismo das distinções", imperante na perspectiva da teoria geral dos sistemas, parece destinado a ser gradualmente colocado de lado pela vantagem de um "funcionalismo das conexões", preponderantemente vocacionado a colher as diversas sobreposições e combinações funcionais que o modelo de direito autopoiético sugere[134].

[132] A árdua busca por unidade mesmo em um dito transnacional ao estado nascente e não hierárquico levou recentemente ao uso teórico de analogias musicais sugestivas. Cf. sobretudo, MADURO, Miguel Poiares. Contrapunctual Law: Europe's Constitutional Pluralism in Action. In WALKER, Neil (ed.) *Sovereignty in Transition*. Oxford: Hart, 2003, p. 501-537.

[133] Cf. TEUBNER, Gunther. *Networks as connected Contracts*, Oxford, Hart, 2011; LADEUR, Karl-Heinz. Towards the Constitution of Networks?. In FEBBRAJO, Alberto; CORSI, Giancarlo (eds.). *Sociology of Constitutions*: a paradoxal perspective. London: Routledge, 2016, p. 167-179.

[134] Cf. FEBBRAJO, Alberto; HARSTE, Gorm. (eds.), *Law and Intersystemic Communication: Understanding Structural Coupling*, Farnham, Ashgate 2013, p.1ss.

Conclusão

Na perspectiva da teoria dos sistemas, a justiça não pode ser vista como um terceiro valor ao lado daqueles que compõem o esquema binário do código do subsistema jurídico porque isso afetaria a sua estabilidade.[135]

[135] LUHMANN, Niklas. *Das Recht der Gesellschaft*, p. 215 [trad. ingl., p. 212; trad. esp., p. 277; trad. port., p. 287-288]. Tal como ocorre com outros termos utilizados por Niklas Luhmann, *Recht* e *Unrecht* (que veiculam os dois valores constantes no código do direito) são de difícil tradução. Javier Torres Nafarrate, tradutor para o espanhol do livro *Das recht der gesellschaft* optou por traduzi-los como direito (*Recht*) e não direito (*Unrecht*). Os tradutores franceses, em geral, traduzem *Recht/Unrecht* por *légal/illégal*. Também as traduções inglesas – como é o caso de *Law as a social system* – comumente traduzem o binômio *Recht/Unrecht* por *legal/illegal*. Ademais, conforme assinala Pierre Guibentif, a problemática terminológica que envolve os termos *Recht* e *Unrecht* não é exclusiva das demais línguas. No próprio alemão haveria ambiguidades semânticas relacionadas a tais termos, que trariam uma carga moral. Segundo esse autor, "l'opposition *Recht/Unrecht* connote ainsi, bien plus que l'idée technique d'une opposition entre ce qui est conforme et ce qui est contraire au droit (ce qui d'ailleurs serait désigné en allemand de manière univoque par l'adverbe *widerrechtlich*, courant dans le langage juridique), l'opposition entre le tort et la raison. Niklas Luhmann reconnaît d'ailleurs lui-même, à un moment donné, le caractère 'moralement chargé de la terminologie'. Mais il ne renonce pas pour autant aux termes *Recht/Unrecht*, considérant pouvoir imposer un sens tout à fait indépendant de toute référence morale" (Introduction. In: ARNAUD. André-Jean; GUIBENTIF, Pierre (coord.). *Niklas Luhmann:* observateur du droit. Paris: Librairie Générale de Droit et de Jurisprudence, 1993. p. 44-45). Para uma análise da carga moral dessa terminologia, ver: LUHMANN, Niklas. The coding of the legal system. In: TEUBNER, Gunther; FEBBRAJO, Alberto (org.). *State, law and economy as autopoietic systems*: regulation and autonomy in a new perspective. Milano: Giuffrè Editore, 1992,

Enquanto observação de caráter normativo e dirigida aos programas condicionais, a justiça se coloca mais propriamente no plano daquilo que Luhmann denomina "observação de segunda ordem", funcionando como autodescrição ou como representação da unidade do direito, o que faz com que, enquanto tal, seja "canonizada" de modo a tornar-se irrefutável dentro desse subsistema.[136] Como espécie de norma dirigida a todos os programas condicionais que compõem o direito, a justiça, que em si não é um programa condicional, consiste apenas em um esquema para obtenção de razões ou valores que, por sua vez, só se tornam válidos por meio de sua conversão em programas condicionais.[137]

No que concerne à questão da consistência, Luhmann ressalta que, em sua forma mais geral, a justiça, como fórmula de contingência, foi tradicionalmente, e ainda hoje continua a sê-lo, identificada com a igualdade que, por sua vez, expressa um elemento formal que consigna todos os conceitos de justiça, não obstante signifique apenas regularidade e consistência. Assim sendo, a igualdade, tal como ocorre com todas as fórmulas de contingência, é vista como princípio que se autolegitima.[138] Considerada nesses termos, a justiça deixa de ser concebida como afirmação relativa à essência ou natureza do direito, um princípio fundador da validade jurídica ou um valor que fizesse o direito parecer algo digno de preferência.[139]

Segundo Luhmann, justiça, concebida como fórmula de contingência, teria sido tradicionalmente associada à igualdade, consistindo no

p. 149. No Brasil, Marcelo Neves e Celso Campilongo traduzem *Recht* por lícito e *Unrecht* por ilícito. Em meu livro, intitulado *O direito na teoria dos sistemas de Niklas Luhmann*, seguindo a opção sugerida por Javier Torres Nafarrate, utilizei os termos direito/não direito como tradução do binômio *Recht/Unrecht*. Posteriormente, sobretudo em livros como *Teoria dos sistemas e o direito brasileiro* e também *Teoria dos sistemas sociais*: direito e sociedade na obra de Niklas Luhmann, optei pela tradução lícito/ilícito.

[136] LUHMANN, Niklas. *Das Recht der Gesellschaft*, p. 219 [trad. ingl., p. 214-215; trad. esp., p. 280; trad. port., p. 291].

[137] LUHMANN, Niklas. *Das Recht der Gesellschaft*, p. 223; 232-233 [trad. ingl., p. 218, 224-225; trad. esp., p. 285, 294; trad. port., p 298].

[138] LUHMANN, Niklas. *Das Recht der Gesellschaft*, p. 222 [trad. ingl., p. 217; trad. esp., p. 283-284; trad. port., p. 296-298; LUHMANN, Niklas. *Ausdifferenzierung des Rechts. Beiträge zur Rechtssoziologie und Rechtstheorie*, p. 410 (trad. it., p. 354).

[139] LUHMANN, Niklas. *Das Recht der Gesellschaft*, p. 223 [trad. ingl., p. 218; trad. esp., p. 284-285; trad. port., p. 297-298].

tratamento igualitário e sólido dos casos jurídicos, o que, em última instância, expressa a própria estrutura do programa condicional ao qual se volta: "dado o fato 'x', 'y' é legal". Nessa perspectiva, tal como já ressaltava Luhmann em seu livro *Rechtssoziologie*, a justiça tornar-se-ia a implementação uniforme do direito, por causa de sua vigência.[140] Isso significa que, na sociedade moderna, o que se pode reputar como direito justo é a aplicação universal de critérios para a decisão, sem que haja a consideração das pessoas implicadas.[141] Ora, isso quer dizer que a igualdade passa a funcionar, no âmbito do subsistema do direito, como postulado regulador da congruência jurídica.

Conforme enfatiza Jean Clam, os efeitos da generalização pela igualdade revelam uma racionalidade sistêmica que, por meio da validação universal fornecida pelo princípio da igualdade, provoca uma restrição das possibilidades decisórias do direito (*rétrécissement des voies de la décision juridique*), que corresponde a uma redução de complexidade.[142] Nesse sentido, o princípio da igualdade, com o qual tradicionalmente se associa a justiça, passa a ser um princípio de racionalização do direito, justamente porque, ao exigir a inclusão de todas as pessoas concernidas, permite que se generalize a validade desse subsistema, instalando limitações estruturais que inserem as decisões jurídicas em esquemas binários exclusivos, os quais, por sua vez, favorecem a emergência e a imposição da comunicação jurídica fundada na dicotomia direito (igual)/não direito (desigual).[143]

[140] LUHMANN, Niklas. *Rechtssoziologie*. 4. Auflage. Wiesbaden: VS Verlag für Sozialwissenchaften, 2008. [trad. port.]: *Sociologia do direito*. Rio de Janeiro: Tempo Brasileiro, 1983 e 1985. v. I, v. II, p. 284. (trad. port. v. 2, p. 87).

[141] A esse respeito, Niklas Luhmann enfatiza que "não se trata mais da igualdade em termos de desempenho no bem e no mal (baseada na reciprocidade ou na retaliação), mas da igualdade na aplicação de premissas específicas da decisão, apesar da mudança de outras circunstâncias no contexto dos papéis (agora já 'irrelevantes')". Com isso, abdicar-se-ia da equidade concreta da compensação implícita na interação individual. Igualdade perante a lei passa a significar especificação e aplicação universal de critérios para a decisão "sem consideração da pessoa" (*Rechtssoziologie*, p. 284, trad. port. v. 2, p. 86-87).

[142] CLAM, Jean. *Droit et société chez Niklas Luhmann*: la contingence des normes, p. 209.

[143] Evidentemente que se está aqui bem distante de uma concepção normativa da justiça como equidade, como a que é proposta, por exemplo, por John Rawls (*Uma teoria da justiça*, p. 3-56). Essa oposição é muito bem analisada, ainda que em termos mais abrangentes e não centrados na problemática do conceito de justiça, por Jürgen Habermas, nas duas primeiras seções do capítulo II do livro *Direito de democracia* (*Direito e democracia*: entre facticidade e

É por essa razão que Luhmann pode afirmar que a igualdade contribui para a obtenção de consistência interna, por parte do direito.[144]

Em uma sociedade altamente complexa, entretanto, para se proporcionar justiça é preciso adaptar a complexidade social à comunicação sistêmica, vale dizer, é preciso moldar a complexidade externa ao sistema jurídico para, consequentemente, produzir comunicação adequada.[145]

A propósito, a complexidade adequada é produzida à medida em que a redução da comunicação social ao código binário lícito/ilícito torna possível um decidir consistente.[146] A positivação do direito proporcionou ao sistema jurídico diferenciação em nível de decisão que produz comunicação jurídica. O sistema jurídico é constituído pelas decisões em uma única comunicação, cuja reiteração rende a sua autonomia.[147] Essa exposição conceitual serve para afirmar que o sistema jurídico transforma outras comunicações em comunicações jurídicas, as quais, na cadeia comunicativa, emitirão outras comunicações, contudo sempre jurídicas, reduzindo, por conseguinte, a complexidade mediante código binário próprio: lícito/ilícito. Este processo é a justiça possível de ser proporcionada pelo sistema do direito.

validade. Tradução de Flávio Beno Siebeneichler. Rio de Janeiro: Tempo Brasileiro, 1997. v. 1. p. 65-94). Vale notar ainda que a posição de Luhmann também não se confunde com o princípio do *right to equal concern and respect* proposto por Ronald Dworkin, que, baseando-se em grande medida na teoria da justiça de Rawls, também ostenta uma clara dimensão normativa (DWORKIN, Ronald. *Levando os direitos a sério*. Tradução de Nelson Boeira. São Paulo: Martins Fontes, 2002. p. 279-282, 419-427). A respeito, Gunther Teubner ressalta que Rawls e Habermas conceberiam a justiça sem um fundamento histórico e social. Suas ideias estariam, portanto, presas à antiga tradição semântica europeia que definia os componentes básicos da justiça como a reciprocidade universal, o consenso e a racionalidade (TEUBNER, Gunther. Self-subversive justice: contingency or transcendence formula of law? *The Modern Law Review*. 72 (1), 2009, p. 3).

[144] CLAM, Jean. *Droit et société chez Niklas Luhmann*: la contingence des normes, p. 211.

[145] CLAM, Jean. *Droit et société chez Niklas Luhmann*: la contingence des normes, p. 333-334.

[146] CLAM, Jean. *Droit et société chez Niklas Luhmann*: la contingence des normes, p. 344.

[147] CLAM, Jean. *Droit et société chez Niklas Luhmann*: la contingence des normes, p. 346. Como se sabe, Habermas critica Luhmann afirmando que sua perspectiva "consiste em despir as expectativas de comportamento, normativamente generalizadas, de seu caráter deontológico, obrigatório." HABERMAS, Jürgen. *Direito e democracia*: entre facticidade e validade, v. 2, p. 223.

Em pormenores, o sistema do direito está imerso na sociedade. A sociedade, por sua vez, abriga outros subsistemas que emitem suas próprias comunicações.[148] À medida que o subsistema do direito é chamado a ofertar prestações a outros sistemas – como por exemplo, quando um contrato não é respeitado –, ele recebe a comunicação do ambiente e a transforma em comunicação jurídica e, como em um processo reflexivo, reduz a complexidade do litígio mediante a emissão de uma comunicação jurídica. A emissão de nova comunicação não garante, por si só, a obediência à decisão emitida. O sistema jurídico pode – e não é pouca coisa, vale dizer –, por meio de outras comunicações da mesma natureza, fazer com que a expectativa normativa seja mantida ao longo do tempo. Significa afirmar que a justiça proporcionada pelo direito é também voltada à transformação de outras comunicações e, quando necessário, à comunicação jurídica.[149] Contudo, apenas a consistência interna das decisões jurídicas não é suficiente para que sejam consideradas justas; mais do que isso, é necessário que tenham adequação social, ou seja, complexidade adequada.[150]

Noutro sentido, Gunther Teubner sublinha que a justiça como fórmula de contingência ultrapassa explicitamente a consistência interna; ela não é concebida como imanente ao direito, mas como transcendente a ele. Assim, para que haja justiça é necessário que a consistência interna se articule para ter capacidade de dar resposta adequada às demandas plurais advindas do ambiente. Essa é a dupla exigência a ser adimplida para que se possa falar de justiça como fórmula de contingência. Por esse motivo,

[148] A respeito, ver, especialmente: LUHMANN, Niklas. *Social Systems*, p. 176 e ss.

[149] Sobre a função do direito na sociedade, ver CLAM, Jean. *Droit et société chez Niklas Luhmann*: la contingence des normes, p. 347. Segundo Luhmann, "la funzione specifica del diritto nella società – in altro luogo l'avero caratterizzata come generalizzazione congruente di aspettative di comportamento – si lascia esprimere soltanto nella forma di requisiti ulteriori di compatibilità e adattabilità. Con la possibilità di precisare questi requisiti e di farli valere come funzione sociale contro la pressione ambientale altrimenti specificata, al giurista è data la chancer di affermare socialmente e politicamente la sua autonomia." LUHMANN, Niklas. *La differenziazione del diritto*, p. 347.

[150] Isso implica que o sistema jurídico reconstrua em si a complexidade do ambiente. Para tanto, o sistema precisa reduzir complexidade e o faz a partir de um alto grau de indiferença. LUHMANN, Niklas. *Das Recht der Gesellschaft*, p. 225 [trad. ingl., p. 219; trad. esp., p. 287; trad. port., p. 300-301].

aliás, Teubner sublinha o caráter subversivo da própria justiça. A justiça, na concepção deste autor, figuraria como uma força interna ao direito que o subverte. A justiça apareceria como um processo idiossincrático por meio do qual a auto-observação do direito interrompe, bloqueia e sabota a recursividade rotinizada das operações legais, permitindo ao direito transcender a si próprio.[151] É por essa razão que a justiça emerge como um paradoxo que, como observa Marcelo Neves, nunca é superado. Ou seja, trata-se de um paradoxo que pode ser processado e solucionado em casos concretos, mas nunca superado plenamente, pois sua superação implicaria o fim do direito como sistema social autônomo.[152] A justiça, portanto, afigura-se como "experiência do impossível"[153], o que a torna sempre algo fugidio em relação à busca que se expressa sempre como um tatear.[154]

[151] TEUBNER, Gunther. Self-subversive justice: contingency or transcendence formula of law? *The Modern Law Review*. 72 (1), 2009, p. 8-13. Não há como analisar, no contexto deste livro, a proposta de Teubner, que, conjugando a perspectiva de Luhmann com as de Derrida e de Levinas, analisa a justiça em termos de uma "fórmula de transcendência". Para uma profunda análise dessa questão, ver: ELMAUER, Douglas. *O direito na teoria crítica dos sistemas*: da justiça autossubversiva à crítica imanente do direito. 2015. Dissertação (Mestrado em Filosofia e Teoria Geral do Direito) – Faculdade de Direito, Universidade de São Paulo, São Paulo, 2015. Disponível em: http://www.teses.usp.br/teses/disponiveis/2/2139/tde-08042016-163250/. Acesso em: 12 ago. 2016. A respeito, ver também, ELMAUER, Douglas. Direito global e responsividade: uma abordagem crítico-sistêmica do direito em face dos novos desafios da sociedade mundial. *Revista Brasileira de Sociologia do Direito*, São Paulo, ABraSD, v. 2, n. 2, p. 137, jul.-dez. 2015.

[152] Marcelo Neves ressalta que "a relação entre justiça interna e externa é paradoxal. Não se pode imaginar um equilíbrio perfeito entre consistência jurídica e adequação social do direito [...]. Nesses termos, a justiça constitui um paradoxo [...] é sempre algo que falta, implicando a busca permanente do equilíbrio entre consistência jurídica e adequação social das decisões jurídicas. Esse paradoxo pode ser processado e solucionado nos casos concretos, mas ele nunca é superado plenamente, pois é condição da própria existência do direito diferenciado funcionalmente" (NEVES, Marcelo. *Entre Hidra e Hércules*: princípios e regras constitucionais. São Paulo: Martins Fontes, 2013. p. 225-226).

[153] Jacques Derrida afirma que "a justiça é uma experiência do impossível. Uma vontade, um desejo, uma exigência de justiça cuja estrutura, não fosse uma experiência da aporia, não teria nenhuma chance de ser o que ela é, a saber, apenas um *apelo* à justiça" (*Força de lei*. Tradução de Leyla Perrone-Moisés. São Paulo: Martins Fontes, 2010. p. 30). Vale lembrar que a mobilização do pensamento de Derrida é feita tanto por Teubner como por Neves.

[154] Alain Supiot destaca justamente essa "recherche toujours tâtonnante de la justice" (SUPIOT, Alain. *Homo juridicus*. Essai sur la fonction anthropologique du Droit. Paris: Seuil, 2005. p. 233). A respeito, ver: VILLAS BÔAS FILHO, Orlando. Uma teoria sociológica da

O direito não possui uma varinha de condão para o seu aplicador determinar o desaparecimento da situação ilícita. Ele não pode fazer isso. Não tem superpoderes. Entretanto, por vezes, o coro social pleiteia o contrário, mas sempre em vão. A modernidade oferece outra ideia sobre sua função. O ofício do direito, segundo o sociólogo alemão Niklas Luhmann, é garantir as expectativas normativas ao longo do tempo. A sociedade continuará a acreditar na efetivação das normas. As comunicações jurídicas garantirão que as expectativas sejam mantidas.

O direito atua no plano da expectativa: continuar-se-á a acreditar na preservação dos valores contemplados pelas normas. Não é pouca coisa, como afirma Celso Fernandes Campilongo.[155] Nesse aspecto, justiça, para Luhmann, é fórmula-contingência, cujo mister é dar consistência às decisões do sistema jurídico, por meio da redução da complexidade social do ambiente. Daí resulta que as decisões serão sempre binárias, *in casu*: lícito/ilícito (*Recht/Unrecht*). O fato de a justiça "possível de ser prestada" não saciar a vontade social não altera a realidade. Não há como cobrar dos operadores do direito (advogados, juízes e promotores) outra atitude, ao menos na atualidade. No momento histórico em que vivemos, só o direito pode fazer com que a sociedade continue a acreditar na sua efetivação, mediante reiterações comunicativas binárias, representadas pelo código: lícito/ilícito[156]. Em suas operações, o direito opera sempre fechado; quer dizer, com base na binariedade suprarreferida.

Do exposto, extrai-se que a solução esperada pela sociedade depende muito mais dela do que propriamente do direito, cujo contexto social é apenas uma parte do ambiente social, no qual estamos inseridos. Para solucionar tais situações, a bem da verdade, é preciso que se proceda a uma alteração dos valores sociais, cuja comunicação também virá do interior do direito, simplesmente porque não se pode acreditar que uma parte (o direito) alterará o todo (a sociedade). O direito provém da sociedade e não o contrário.

justiça: Niklas Luhmann e a justiça como fórmula de contingência. *Revista da Escola Superior da Procuradoria Geral do Estado*, São Paulo, v. 4, n. 1, p. 387-408, jan./dez. 2013.

[155] CAMPILONGO, Celso. *Governo representativo "versus" governo dos juízes*: a "autopoiese" dos sistemas político e jurídico, p. 58; LUHMANN, Niklas. *Das Recht der Gesellschaft*, p. 218 [trad. ingl., p. 214; trad. esp., p. 280; trad. port., p. 291].

[156] A respeito, ver, por exemplo: GUERRA FILHO, Willis Santiago. Imunologia: mudança no paradigma autopoiético. *In*: FEBBRAJO, Alberto; SOUSA LIMA, Fernando Rister; PUGLIESI, Márcio (Coord.). *Sociologia do direito: teoria e práxis*. Curitiba: Juruá, 2015. p. 367-380.

Neste ponto, cabe perguntar se o conceito de justiça, no sentido aqui usado para corrigir os pressupostos do normativismo e da crítica de suas consequências sociais, pode realmente ser perseguido com a intervenção direta do Estado atual, que agora é extremamente reduzida, ou se requer marcos mais abstratos e diferentes pelo menos formas multicêntricas desorganização política. A situação teórica, de fato, não parece hoje simplesmente representativa em termos de oposição, mas de transição gradual, de um Estado do passado, não totalmente morto, para um pós--sistema do presente, ainda não definido.

O princípio da justiça aqui apresentado é ligado a um conceito intersistêmico de direito. Daí sendo particularmente afetado pela atual crise dos mecanismos centrais de decisão fornecidos pelas estruturas regulatórias estatais. O Estado-nação pode ser visto como o ponto de partida do qual duas linhas distintas de diferenciação partem, uma voltando-se para um localismo emergente, a outra para uma tendência globalismo. Ambos os aspectos da diferenciação parecem conjuntamente capazes de questionar o papel tradicional do Estado.

Além disso, as relações do Estado com o que antes eram considerados seus principais pilares: o território, a organização reguladora e as pessoas estão se tornando cada vez mais problemáticas. No que diz respeito à estrutura territorial, os pluralismos culturais são multiplicados, dentro do mesmo sistema jurídico, em vários níveis (intraestatal, estatal, interestadual e transnacional), borrando e inflamando as fronteiras dos Estados individuais, enquanto emerge uma pluralidade de novas formas de agregação, que são independentes da posição física dos indivíduos e ligadas a critérios não territoriais de pertencimento.

Quanto à estrutura organizacional, a pluralidade de níveis de *governança* já deu origem a construções que podem parecer problemáticas, sendo baseadas em fórmulas aparentemente paradoxais, como a de "soberania limitada".[157] Mesmo em domínios limitados, como na União Europeia, há

[157] A respeito, ver, especialmente: ARNAUD, André-Jean. *La gouvernance*. Un outil de participation. Paris: LGDJ, 2014; VILLAS BÔAS FILHO, Orlando. A governança em suas múltiplas formas de expressão: o delineamento conceitual de um fenômeno complexo. *Revista Estudos Institucionais*, v. 2, nº 2, p. 670-706, 2016; VILLAS BÔAS FILHO, Orlando. Ce que la sociologie juridique de l'Amérique Latine doit à André-Jean Arnaud: l'exemple de l'analyse de l'expérience du Mercosur dans le cadre de son étude de la gouvernance. In: CAPELLER, Wanda; COMMAILLE, Jacques; ORTIZ, Laure (Dir.). *Repenser le droit*:

muitas vezes uma clara inadequação das estruturas administrativas que aparecem ao mesmo tempo setoriais e insuficientes, deixando de oferecer de forma única indicações que podem contribuir para uma harmonização real entre as diferentes estruturas estatais.

No que diz respeito às pessoas, os seus fundamentos de coesão não parecem ser capazes de se adaptar às exigências de comunicação em constante alteração articuladas em múltiplos níveis de reflexão e autocrítica. A metacomunicação legal, em particular, permanece em grande parte ancorada em formas de identidade intraestatal ou estatal, principalmente devido à incapacidade dos partidos políticos e das classes de desenvolver visões gerais do bem comum livre do condicionamento da lógica autorreferencial.

Nessa situação, é justo perguntar como o Estado pode assumir os fardos de uma ampla regulação social, capaz de autocorreção constante, o que seria exigido do conceito intersistêmico de justiça descrito acima.

Mesmo com uma sociologia do direito que, desde a sua criação, estava disposta a fornecer o seu conhecimento a uma intenção de poder político em perseguir o objetivo de uma melhor justiça social, as dificuldades não parecem estar faltando. Os instrumentos regulatórios do Estado, de fato, parecem muito mais fracos do que no passado, e é cada vez mais difícil, apenas com sua ajuda, superar os obstáculos inevitáveis que estão no caminho da busca, pelo menos parcialmente, de um ideal de justiça.

hommage à André-Jean Arnaud. Paris: LGDJ, 2019. p. 101-110; VILLAS BÔAS FILHO, Orlando. O impacto da governança sobre a regulação jurídica contemporânea: uma abordagem a partir de André-Jean Arnaud. *Redes – Revista Eletrônica Direito e Sociedade*, v. 4, nº 1, p. 145-171, maio 2016.

REFERÊNCIAS

ALCOVER, Pilar Giménez. *El derecho en la teoría de la sociedad de Niklas Luhmann*. Barcelona: Bosch, 1993.

ARNAUD, André-Jean. *Critique de la raison juridique*. 1. Où va la sociologie du droit? Paris: Librairie Générale de Droit et de Jurisprudence, 1981.

ARNAUD, André-Jean. *Jean Carbonnier*. Un juriste dans la cité. Paris: Librairie Générale de Droit et de Jurisprudence, 2012.

ARNAUD, André-Jean. *La gouvernance*. Un outil de participation. Paris: LGDJ, 2014.

ARNAUD, André-Jean. La valeur heuristique de la distinction interne/externe comme grande dichotomie pour la connaissance du droit: éléments d'une démystification. *Droit et Société*, Paris, v. 2, p. 139-141, 1986.

ARNAUD, André-Jean. *O direito traído pela filosofía*. Tradução de Wanda de Lemos Capeller e Luciano Oliveira. Porto Alegre: Sergio Antonio Fabris Editor, 1991.

ARNAUD, André-Jean; FARIÑAS DULCE, María José. *Introduction à l'analyse sociologique des systèmes juridiques*. Bruxelles: Bruylant, 1998.

ATIENZA, Manuel. *Las razones del derecho: teorías de la argumentación jurídica*. México: Universidad Nacional Autónoma de México, 2005.

ATIENZA, Manuel. Para una teoría de la argumentación jurídica. *Doxa*, n. 8, p. 39-61, 1990.

ATIENZA, Manuel. *Tras la justicia*. Barcelona. Ariel, 2012.

BALAUDÉ, Jean-François. Instituer le bien. La problématique philosophique de la justice dans l'Antiquité (Platon, Aristote, Épicure). In: WOTLING, Patrick (Dir.). *La justice*. Paris: Vrin, 2007, p. 9-34.

BÉAL, Arnaud; KALAMPALIKIS, Nikos; FIEULAINE, Nicolas; HAAS, Valérie. Expériences de justice et représentations sociales: l'exemple du non-recours aux droits. *Les cahiers internationaux de psychologie sociale*, nº 103, p. 549-573, 2014.

BERTHELOT, Jean-Michel. *La construction de la sociologie.* 6e édition. Paris: Presses Universitaires de France, 2006.

BOBBIO, Norberto. *Teoria da norma jurídica.* Tradução de Fernando Pavan Baptista e Ariani Bueno Sudatti. Bauru, SP: EDIPRO, 2001.

CAMILLO, Carlos. *Manual da teoria geral do direito.* São Paulo: Almedina, 2019.

CAMPILONGO, Celso Fernandes. "Aos que não vêem que não vêem aquilo que não vêem". In: Raffaele, De Giorgi. *Direito, tempo e memória.* São Paulo: Quartier Latin, 2006. p. 11-26.

CAMPILONGO, Celso Fernandes. *Governo representativo "versus" governo dos juízes:* A "autopoiese" dos sistemas político e jurídico. Belém: UFPA, 1998.

CAMPILONGO, Celso Fernandes. *Interpretação do direito e movimentos sociais.* Rio de Janeiro: Elsevier, 2012.

CAMPILONGO, Celso Fernandes. *O direito na sociedade complexa.* São Paulo: Max Limonad, 2000.

CAMPILONGO, Celso Fernandes. *Política, sistema jurídico e decisão judicial.* São Paulo: Max Limonad, 2002.

CAPELLER, Wanda. De que lugar falamos? Retomando um velho papo sobre o Direito e a Sociologia. *Revista de Estudos Empíricos em Direito,* v. 2, n. 2, p. 10-25, jan. 2015.

CAPELLER, Wanda. *Relire Giddens.* Entre sociologie et politique. Paris: Librairie Générale de Droit et de Jurisprudence, 2011.

CARBONNIER, Jean. *Flexible droit.* Pour une sociologie du droit sans rigueur. 10e édition. Paris: L.G.D.J, 2001.

CARBONNIER, Jean. *Sociologie juridique.* 2e édition. Paris: Presses Universitaires de France, 2008.

CLAM, Jean. *Droit et société chez Niklas Luhmann*: la contingence des normes. Paris: Presses Universitaires de France, 1997.

CLAM, Jean; PERRIN, Jean-François. Le modèle de Janus de la sociologie du droit. *Droit et Société,* Paris, v. 1, p. 95-110, 1985.

COMTE-SPONVILLE, André. *Petit traité des grandes vertus.* Paris: Presses Universitaires de France, 1995.

COMTE-SPONVILLE, André. *Présentations de la philosophie.* Paris: Albin Michel, 2000.

CORSI, Giancarlo; ESPOSITO, Elena; BARALDI, Cláudio. *Glosario sobre la teoria social de Niklas Luhmann.* Tradução Miguel Romero Pérez y Carlos Villalobos. México: Universidad Ibero Americana, 1996.

DE GIORGI, Raffaele. *Direito, tempo e memória.* São Paulo: Quartier Latin, 2006.

DE GIORGI, Raffaele. Introduzione all'edizione italiana. *In*: LUHMANN, Niklas (Org.). *La differenziazione del diritto.* Milano: Società editrice il Mulino, 1990.

DE GIORGI, Raffaele. *Scienza del diritto e legittimazione.* Lecce: Pensa Multimedia, 1998.

DIAS, Gabriel Nogueira. *Positivismo jurídico e a teoria geral do direito na obra de Hans Kelsen*. São Paulo: Editora Revista dos Tribunais, 2010.

DOUGLAS, Mary. *How institutions think*. Nova York: Syracuse University Press, 1986.

DUBET, François; MARTUCCELLI, Danilo. *Dans quelle société vivons-nous?* Paris: Éditions du Seuil, 1998.

DWORKIN, Ronald. *Levando os direitos a sério*. Tradução de Nelson Boeira. São Paulo: Martins Fontes, 2002.

ELMAUER, Douglas. Direito global e responsividade: uma abordagem crítico-sistêmica do direito em face dos novos desafios da sociedade mundial. *Revista Brasileira de Sociologia do Direito*, São Paulo, ABraSD, v. 2, n. 2, p. 132-149, jul.-dez. 2015.

ELMAUER, Douglas. *O direito na teoria crítica dos sistemas*: da justiça autossubversiva à crítica imanente do direito. 2015. Dissertação (Mestrado em Filosofia e Teoria Geral do Direito) – Faculdade de Direito, Universidade de São Paulo, São Paulo, 2015. Disponível em: http://www.teses.usp.br/teses/disponiveis/2/2139/tde-08042016-163250/. Acesso em: 12 ago. 2016.

EHRLICH, Eugen. *I fondamenti della socilogia del diritto*. Milão: Giuffré, 1976.

FARIA, José Eduardo; CAMPILONGO, Celso Fernandes. *A sociologia jurídica no* Brasil. Porto Alegre: Sergio Antonio Fabris, 1991.

FARIA, José Eduardo. Estado, sociedade e direito. In: FARIA, José Eduardo; KUNTZ, Rolf (Org.). *Qual o futuro dos direitos?* São Paulo: Max Limonad, 2002.

FARIA, José Eduardo. O Direito na Economia Globalizada. 1º ed. 4 ª tir. São Paulo: Malheiros Editores, 2004.

FEBBRAJO, Alberto. Limiti della regolazione giuridica nelle crisi intersistemiche. In R. BIFULCO, Raffaele; ROSELLI, Orlando (eds.). *Crisi economica e trasformazioni della dimensione giuridica. La costituzionalizzazione del pareggio di bilancio tra internazionalizzazione economica, processo d'integrazione europea e sovranità nazionale*, Torino, Giappichelli, 2013, p. 25-44.

FEBBRAJO, Alberto. *Os fundamentos históricos da sociologia de Eugen Ehrlich. In*: FEBBRAJO, Alberto; SOUSA LIMA, Fernando Rister; PUGLIESI, Márcio (Coord.). *Sociologia do direito: teoria e práxis*. Curitiba: Juruá, 2015. p. 317-336.

FEBBRAJO, Alberto. *Sociologia del diritto. Concetti e problemi*. Bolonha, Il Mulino, 2009.

FEBBRAJO, Alberto. *Sociologia do constitucionalismo*: constituição e teoria dos sistemas. Tradução de Sandra Regina Martini. Curitiba: Juruá, 2016.

FEBBRAJO, Alberto. *The Failure of Regulatory Institutions-A Conceptual Framework*. In: P.F. KJAER, Poul F.; TEUBNER, Gunther; FEBBRAJO, Alberto (eds.). *The Financial Crisis in Constitutional Perspective. The Dark Side of Functional Differentiation*. London: Hart Publishing, 2011, 269-302.

FEBBRAJO, Alberto; HARSTE, Gorm. (eds.), *Law and Intersystemic Communication: Understanding Structural Coupling*, Farnham, Ashgate 2013.

FERRAZ JR., Tercio Sampaio. *A ciência do direito*. 2. ed. São Paulo: Atlas, 1995.

FERRAZ JR., Tercio Sampaio. *Estudos de filosofia do direito*: reflexões sobre o poder, a liberdade, a justiça e o direito. 3. ed. São Paulo: Atlas, 2009.

FERRAZ JR., Tercio Sampaio. *Introdução ao estudo do direito*: técnica, decisão, dominação. 2. ed. São Paulo: Atlas, 1994.

FERRAZ JR., Tercio Sampaio. *Teoria da norma jurídica*: ensaio de pragmática da comunicação normativa. 3. ed. Rio de Janeiro: Editora Forense, 1999.

FISCHER-LESCANO, Andreas. La théorie des systèmes comme théorie critique. *Droit et société*, Paris, v. 76, n. 3, p. 645-665, 2010.

FREUND, Julien. La rationalisation du droit selon Max Weber. *Archives de philosophie du droit*, t. 23, p. 69-92, 1978.

FREUND, Julien. *Sociologia de Max Weber*. Tradução de Luís Claudio de Castro e Costa. 4ª edição. Rio de Janeiro: Forense Universitária, 1987.

FRYDMAN, Benoît; HAARSCHER, Guy. *Philosophie du droit*. 2e édition. Paris: Dalloz, 2002.

GEIGER, Theodor. *Vorstudien zu einer Soziologie des Rechts*. Neuwied, Luchterhand, 1964.

GOBRY, Ivan. *Le vocabulaire grec de la philosophie*. Paris: Ellipses, 2000.

GONÇALVES, Guilherme Leite. *Direito entre certeza e incerteza*: horizontes críticos para a teoria dos sistemas. São Paulo: Saraiva, 2013.

GONÇALVES, Guilherme Leite. Pós-colonialismo e teoria dos sistemas. Notas para uma agenda de pesquisa. *In*: BACHUR, João Paulo; DUTRA, Roberto (Coord.). *Dossiê Niklas Luhmann*. Belo Horizonte: Ed. da UFMG, 2013, p. 249-277.

GONÇALVES, Guilherme Leite. Tradução em teoria dos sistemas: considerações iniciais a partir da obra de Raffaele De Giorgi. In: DE GIORGI, Raffaele. *Direito, tempo e memória*. Trad. São Paulo: Quartier Latin, 2006, p. 27-45.

GONÇALVES, Guilherme Leite; VILLAS BÔAS FILHO, Orlando. *Teoria dos sistemas sociais*: direito e sociedade na obra de Niklas Luhmann. São Paulo: Saraiva, 2013.

GUERRA FILHO, Willis Santiago. Imunologia: mudança no paradigma autopoiético. *In*: FEBBRAJO, Alberto; SOUSA LIMA, Fernando Rister; PUGLIESI, Márcio (Coord.). *Sociologia do direito: teoria e práxis*. Curitiba: Juruá, 2015. p. 367-380.

GUERRA FILHO, Willis Santiago. Posição das cortes constitucionais no sistema jurídico: pequena contribuição para discutir fundamentos racionais do pensar nos tempos de judicializar do direito a partir da teoria de sistemas sociais autopoiéticos. In: LIMA, Fernando Rister de Sousa; MARTINS, Otávio Henrique; OLIVEIRA, Rafael Sérgio Lima de. (Coord.). *Poder Judiciário, direitos sociais e racionalidade jurídica*. São Paulo: Campus Jurídico, 2011

GUIBENTIF, Pierre. *Foucault, Luhmann, Habermas, Bourdieu*. Une génération repense le droit. Paris: Librairie Générale de Droit et de Jurisprudence, 2010.

GUIBENTIF, Pierre. Introduction. *In*: ARNAUD. André-Jean; GUIBENTIF, Pierre (Coord.). *Niklas Luhmann:* observateur du droit. Paris: Librairie Générale de Droit et de Jurisprudence, 1993, p. 11-49.

HABERMAS, Jürgen. *Direito e democracia*: entre facticidade e validade. Tradução de Flávio Beno Siebeneichler. Rio de Janeiro: Tempo Brasileiro, 1997. v. 2.

HABERMAS, Jürgen. *Escritos sobre moralidad y eticidad*. Tradução de Manuel Jiménez Redondo. Barcelona: Paidós, 1998.

HABERMAS, Jürgen. *O discurso filosófico da modernidade*. Tradução de Luiz Sérgio Repa e Rodnei Nascimento: São Paulo: Martins Fontes, 2000.

HASSEMER, Winfried. Sistema jurídico e codificação: a vinculação do juiz à lei. In: KAUFMANN, Arthur; HASSEMER, Winfried. (orgs.) *Introdução à filosofia do direito e à teoria do direito contemporâneas*. Tradução Marcos Keel e Manuel Seca de Oliveira. Lisboa: Fundação Calouste Gulbenkian, 2003, p. 281-301.

HÖFFE, Otfried. *Justiça política*: fundamentação de uma filosofia crítica do direito e do Estado. Tradução de Ernildo Stein. Petrópolis: Vozes, 1991.

JOHNSTON, David. *Breve história da justiça*. Tradução de Fernando Santos. São Paulo: Martins Fontes, 2018.

KAUFMANN, Arthur. A problemática do direito ao longo da história. In: KAUFMANN, Arthur; HASSEMER, Winfried (Org.). *Introdução à filosofia do direito e à teoria do direito contemporâneas*. Tradução de Marcos Keel e Manuel Seca de Oliveiro. Lisboa: Fundação Calouste Gulbenkian, 2002, p. 57-208.

KELSEN, Hans. *A ilusão da justiça*. Trad. Sérgio Tellardi. 2. ed. São Paulo: Martins Fontes, 1998.

KELSEN, Hans. *A justiça e o direito natural*. Tradução de João Baptista Machado. 2. ed. Coimbra: Armênio Amado Editor, 1979. (Colecção Stvdivm – Temas Filosóficos, Jurídicos e Sociais)

KELSEN, Hans. *O que é justiça?* Trad. Luis Carlos Borges. São Paulo: Martins Fontes, 1998.

KELSEN, Hans. *Problema da justiça*. 3. ed. Trad. João Baptista Machado. São Paulo: Martins Fontes, 1998.

KELSEN, Hans. *Teoria geral do direito e do estado*. Tradução de Luís Carlos Borges. São Paulo: Martins Fontes, 2000.

KELSEN, Hans. *Teoria pura do direito*. Tradução de João Baptista Machado. 6. ed. Coimbra: Armênio Amado Editor, 1984. (Colecção Stvdivm – Temas Filosóficos, Jurídicos e Sociais.)

KELLY, John M. *Uma breve história da teoria do direito ocidental*. Tradução de Marylene Pinto Maciel. São Paulo: Martins Fontes, 2010.

KRAUSE, Detlef: *Luhmann-Lexikon. Eine Einführung in das Gesamtwerk von Niklas Luhmann mit 27 Abbildungen und über 500 Stichworten.* Stuttgart, Ferdinand Enke Verlag, 1999.

LADEUR, Karl-Heinz. Towards the Constitution of Networks?. In FEBBRAJO, Alberto;CORSI, Giancarlo (eds.). *Sociology of Constitutions*: a paradoxal perspective. London: Routledge, 2016p. 167-179.

LAFER, Celso. *A reconstrução dos direitos humanos*: um diálogo com o pensamento de Hannah Arendt. São Paulo: Companhia das Letras, 1999.

LAFER, Celso. Filosofia do direito e princípios gerais: considerações sobre a pergunta "o que é a filosofia do direito?" In: ALVES, Alaôr Caffé et al. (Org.). *O que é a filosofia do direito?* Barueri: Manole, 2004. p. 53-73.

LEBOVICI, Serge. De la justice qui vient à l'esprit. In: BARANÈS, William; FRISON-ROCHE, Marie-Anne (Dir.). *La justice*: obligation impossible. Paris: Les éditions autrement, 1994, p. 16-27.

LEFEBVRE, René. *Le droit, la justice, la force.* Paris: Ellipses, 1995.

LIMA, Fernando Rister de Sousa. *Atuação da Suprema Corte brasileira no direito à saúde: simbólica ou efetiva? In*: FEBBRAJO, Alberto; SOUSA LIMA, Fernando Rister; PUGLIESI, Márcio (Coord.). *Sociologia do direito: teoria e práxis.* Curitiba: Juruá, 2015. p. 81-102.

LIMA, Fernando Rister de Sousa. Constituição Federal: acoplamento estrutural entre os sistemas político e jurídico. *Direito Público.* Porto Alegre, Síntese, ano 7, n.32, p. 20, 21, mar./abr. 2010.

LIMA, Fernando Rister de Sousa. *Decisões do STF em direito à saúde: aspectos econômicos e políticos.* São Paulo: Almedina, 2020.

LIMA, Fernando Rister de Sousa. *Sociologia do direito.* O direito e o processo à luz da teoria dos sistemas de Niklas Luhmann. 2. ed. rev. e atual. Curitiba: Juruá, 2012.

LIMA, Fernando Rister de Sousa. *Saúde e Supremo Tribunal Federal.* Curitiba: Juruá, 2015.

LOPES, José Reinaldo de Lima. *As palavras e a lei.* 1. ed. São Paulo: Editora 34, 2004.

______. *O direito na história.* Lições introdutórias. 5. ed. São Paulo: Atlas, 2014.

______. O Supremo e as crises da República. *Folha de São Paulo,* São Paulo, 05.03.2017, p. 4.

LOPES, José Reinaldo de Lima. *As palavras e a lei.* 1. ed. São Paulo: Editora 34, 2004.

LINDAHL, Hans. Societal Constitutionalism as Political Constitutionalism: Reconsidering the Relation between Politics and Global Legal Orders. *Social and Legal Studies,* 20/2, 2011, p. 230- 247.

LUHMANN, Niklas. *Ausdifferenzierung des Rechts. Beiträge zur Rechtssoziologie und Rechtstheorie.* Frankfurt am Main: Suhrkamp, 1999. [trad. it.: *La differenziazione del diritto*: contributi alla sociologia e alla teoria del diritto. Il Mulino, 1990.]

LUHMANN, Niklas. Closure and openness: On reality in the world of law. In: TEUBNER, Gunther. *Autopoietic Law*: A New approach to law and society. Berlin-New York: Walter de Gruyter, p. 335-348.

LUHMANN, Niklas. *Complejidad y modernidad: de la unidad a la diferencia*. Edição e tradução Josetxo Beriain; José María García Blanco. Madri: Editorial Trotta, 1998.

LUHMANN, Niklas. *Das Recht der Gesellschaft*. Frankfurt am Main: Suhrkamp, 1993. [trad. esp.: *El derecho de la sociedad*. México: Herder/Universidad Iberoamericana, 2005; trad. ingl.: *Law as a social system*. Oxford: Oxford University Press, 2004; trad. port.: *O direito da sociedade*. Martins Fontes, 2016].

LUHMANN, Niklas. *Ecological communication*. Tradução de John Bednarz. Chicago: University of Chicago Press, 1989.

LUHMANN, Niklas. *Introducción a la teoría de sistemas*. Versão espanhola Javier Torres Nafarrate. México: Universidad Ibero Americana, 1996.

LUHMANN, Niklas. *La differenziazione del diritto*. A cura di Rafaelle De Giorgi. Milano: Mulino, 1990.

LUHMANN, Niklas. La observación sociológica del derecho. *Crítica Jurídica*. n. 12. México: Instituto de investigaciones jurídicas, 1993.

LUHMANN, Niklas. La restitution du douzième chameau: du sens d'une analyse sociologique du droit. *Droit et Société*, n. 47, p. 15-73, 2001.

LUHMANN, Niklas. Meaning as sociology's basic concept. In: LUHMANN, Niklas. *Essays on self-reference*. New York: Columbia University Press, 1990, p. 21-79.

LUHMANN, Niklas. Operational closure and structural coupling: the differentiation of the legal system. *Cardozo Law Review*, n. 5, v. 13, p. 1.419-1.441, march 1992.

LUHMANN, Niklas. *Procedimenti giuridici e legittimazione sociale*. A cura di Alberto Febbrajo. Milano: Giuffré, 1995.

LUHMANN, Niklas. Quod omnes tangit: remarks on Jürgen Habermas legal theory. Trad. Mike Robert Horenstein. *In*: ROSENFELD, M.; ARATO, A. (Ed.). *Habermas on law and democracy*: critical exchanges. Berkeley: University of California Press, 1998. p. 157-172.

LUHMANN, Niklas. *Rechtssoziologie*. 4. Auflage. Wiesbaden: VS Verlag für Sozialwissenchaften, 2008. [trad. it. *Sociologia del diritto*. A cura di Alberto Febbrajo. Roma: Laterza, 1977; trad. port.: *Sociologia do direito*. Rio de Janeiro: Tempo Brasileiro, 1983 e 1985. v. I, v. II].

LUHMANN, Niklas. *Sistema giuridico e dogmatica giuridica*. A cura di Alberto Febbrajo. Bolonha: Mulino, 1974.

LUHMANN, Niklas. *Social Systems*. Tradução de John Bednarz Jr. Stanford: Stanford University Press, 1995 [trad. it. *Sistemi sociali*. Traduzione Alberto Febbrajo; Reinhardt Schmidt. Bolonha: Mulino, 1990].

LUHMANN, Niklas. Tautology and paradox in the self-description of modern society. In: LUHMANN, Niklas. *Essays on self-reference*. New York: Columbia University Press, 1990, p. 123-143.

LUHMANN, Niklas. The autopoiesis of social systems. In: LUHMANN, Niklas. *Essays on self-reference*. New York: Columbia University Press, 1990, p. 1-21.

LUHMANN, Niklas. The coding of the legal system. In: TEUBNER, Gunther; FEBBRAJO, Alberto (Orgs.). *State, law and economy as autopoietic systems*: regulation and autonomy in a new perspective. Milano: Giuffrè Editore, 1992, p. 145-185.

LUHMANN, Niklas. The self-reproduction of law and its limits. In: LUHMANN, Niklas. *Essays on self-reference*. New York: Columbia University Press, 1990, p. 227-245.

LUHMANN, Niklas. The Unity of the Legal Systems. In: TEUBNER, Gunther. *Autopoietic Law*: A New Approach to Law and Society. Berlin-New York,:Walter de Gruyter, p. 12-35.

LUHMANN, Niklas; DE GIORGI, Raffaele. *Teoria della società*. 11. ed. Milano: Franco Angeli, 2003.

MACEDO JUNIOR, Ronaldo Porto. Teoria, filosofia e dogmática jurídica: rigor e método. In: MACEDO JUNIOR, Ronaldo Porto (Org.). *Teoria do direito contemporânea*: temas e autores. Curitiba: Juruá, 2017, p. 17-35.

MADURO, Miguel Poiares. Contrapunctual Law: Europe's Constitutional Pluralism in Action. In WALKER, Neil (ed.). *Sovereignty in Transition*. Oxford: Hart, 2003, p. 501-537.

MARTÍNEZ ROLDÁN, Luis; FERNÁNDEZ SUÁREZ, Jesús A. *Curso de teoría del derecho*. Barcelona: Ariel, 2012.

MARTUCCELLI, Danilo. *Sociologies de la modernité*: l'itinéraire du XXe siècle. Paris: Gallimard, 1999.

MATURANA, Humberto R.; VARELA, Francisco J., *Autopoiesis and cognition*. The realization of the living. Dordrecht-London, Reidel, 1972.

MILLARD, Éric. *Théorie Générale du Droit*. Paris: Dalloz, 2006.

MORIN, Edgar. *La méthode*, vol. I, La nature de la nature. Paris: Seuil, 1977.

NEVES, Marcelo. *A constitucionalização simbólica*. São Paulo: Martins Fontes, 2007.

NEVES, Marcelo. *Entre Hidra e Hércules*: princípios e regras constitucionais. São Paulo: Martins Fontes, 2013.

NEVES, Marcelo. *Entre Têmis e Leviatã*: uma relação difícil: o Estado Democrático de direito a partir e para além de Luhmann e Habermas. São Paulo: Martins Fontes, 2006.

OPPETIT, Bruno. *Philosophie du droit*. Paris: Dalloz, 1999.

PŘIBÁŇ, Jiří. Constitutionalism as Fear of the Political? A Comparative Analysis of Teubner's Constitutional Fragments and Thornhill's A Sociology of Constitution. *Journal of Law and Society*, 2012, p. 441-471.

RABAULT, Hugues. La politique comme sémantique. *Droit et société*, vol. 80, n. 1, p. 213-224, 2012.

RABAULT, Hugues. La réalité comme artefact: le constructivisme sociologique de Niklas Luhmann. *Droit et société*, Paris, v. 89, n. 1, p. 207-218, 2015.

RABAULT, Hugues. La réalité comme artefact: le constructivisme sociologique de Niklas Luhmann. *Droit et société*, v. 89, n. 1, p. 207-218, 2015.

RABAULT, Hugues. Théorie des systèmes: vers une théorie fonctionnaliste du droit. *Droit et société*, v. 86, n. 1, p. 209-226, 2014.

RABAULT, Hugues. Théorie des systèmes: vers une théorie fonctionnaliste du droit. *Droit et société*, Paris, v. 86, n. 1, p. 209-226, 2014.

RABAULT, Hugues. *Un monde sans réalité ? En compagnie de Niklas Luhmann*: épistemologie, politique et droit. Québec: Presses de l'Université de Laval, 2012, p. 295-330.

RABAULT, Hugues. *Un monde sans réalité?* En compagnie de Niklas Luhmann: épistémologie, politique et droit. Québec: Presses de l'Université de Laval, 2012.

REALE, Miguel. *Filosofia do direito*. 20ª ed. São Paulo: Saraiva, 2002.

REALE, Miguel. O direito e o justo no crepúsculo da cultura helênica. In: ______. *Horizontes do direito e da história*. 3ª ed. revisada e aumentada. São Paulo: Saraiva, 2000, p. 32-44.

ROCHA, Leonel Severo. Observações sobre a observação luhmanniana. *In*: Leonel Severo Rocha; Michael King; Germano Schwartz. A Verdade sobre a Autopoiese no Direito. Porto Alegre, 2009. p. 11-40.

ROCHA, Leonel Severo. Autopoiese e sentido do Direito. *In*: Fernando Rister de Sousa Lima; Otávio Henrique Martins Port; Rafael Sérgio Lima de Oliveira. Poder Judiciário, Direitos Sociais e Racionalidade Jurídica. Campus Jurídico: Rio de Janeiro, 2001. pp. 311-326.

SACCO, Rodolfo. Introduzione al diritto comparato. 3. ed. Giappichelli: Torino, 1989.

SCHWARTZ, Germano. O Tratamento Jurídico do Risco no Direito à Saúde. Livraria do Advogado: Porto Alegre, 2004.

SCHWARTZ, Germano. As constituições estão mortas? Lumen Juris: Rio de Janeiro, 2018.

SEARLE, John R. Social Ontology: Some Basic Principles. *Anthropological Theory*, 2006, n.6, p. 12-29.

SERVERIN, Évelyne. *Sociologie du droit*. Paris: La Découverte, 2000.

SÈVE, René. *Philosophie et théorie du droit*. Paris: Dalloz, 2007.

SANTORO, Emilio. *Diritto e diritti*: lo stado di diritto nell'era della globalizzazione. Torino: G. Giappichelli Editore, 2008.

SILVA, Artur Stamford da. Sociologia da decisão jurídica: aplicação ao caso da Homoafetividade. *Revista Brasileira de Sociologia do Direito*. Porto Alegre, AbraSD, n. 1., v. 1, 2014. p. 66-85.

______. *10 lições sobre Luhmann*. Petrópolis: Vozes, 2016.

SPITZ, Jean-Fabien. Doctrines de la justice. *Droits*, v. 34, p. 3-14, 2002.

SUPIOT, Alain. *Homo juridicus*. Essai sur la fonction anthropologique du Droit. Paris: Seuil, 2005.

TEUBNER, Gunther. *Constitutional Fragments. Societal constitutionalism in the globalization*. Oxford: Oxford University Press, 2012.

TEUBNER, Gunther. *Direito, sistema e policontexturalidade*. Tradução de Rodrigo Octávio Broglia Mendes *et al*. Piracicaba: Ed. da Unimep, 2005.

TEUBNER, Gunther. Économie du don et positivité de la justice: la paranoïa réciproque de Jacques Derrida et Niklas Luhmann. *Droit et société*. Vol. 65, n. 1, p. 105-122, 2007.

TEUBNER, Gunther. *Networks as connected Contracts*, Oxford, Hart, 2011.

TEUBNER, Gunther. Ordinamenti frammentati e costituzioni sociali. Traduzione di Maria Rita Bartolomei *Rivista giuridica degli studenti dell'Università di Macerata*, Macerata, n. xx, p. 45-57, 2010. [ISSN 2038-7415 (print)/ ISSN 2038-7423 (online)]

TEUBNER, Gunther. Il diritto come sistema autopoietico, Milano, Giuffré, 1996

TEUBNER, Gunther. *O direito como sistema autopoiético*. Tradução de José Engracia Antunes. Lisboa: Fundação Calouste Gulbenkian, 1993.

TEUBNER, Gunther. Selbstsubversive Gerechtigkeit: Kontingenz- oder Transzendenzformel des Rechts?, in Zeitschrift für Rechtssoziologie, I, 2008.

TEUBNER, Gunther. Self-subversive justice: contingency or transcendence formula of law? *The Modern Law Review*, London, 72(1), p. 1-23. 2009.

TREVES, Renato. Un inedit de Kelsen concernant ses sources kantiannes. *Droit et Societé*, n. 7, p. 327-332, 1997.

TROPER, Michel. *La philosophie du droit*. 2e. édition. Paris: Presses Universitaires de France, 2008.

TUCK, Richard. *Natural rights theories*: their origin and development. Cambridge: Cambridge University Press, 1995.

VANDERLINDEN, Jacques. *Anthropologie juridique*. Paris: Dalloz, 1996.

VESTING, Thomas. *Rechtstheorie*. München: C.H. Bech, 2015a.

______. *Teoria do Direito*. Uma introdução. São Paulo: Saraiva, 2015b.

VILLAS BÔAS FILHO, Orlando. A governança em suas múltiplas formas de expressão: o delineamento conceitual de um fenômeno complexo. *Revista Estudos Institucionais*, v. 2, nº 2, p. 670-706, 2016.

VILLAS BÔAS FILHO, Orlando. A sociologia do direito: o contraste entre a obra de Émile Durkheim e a de Niklas Luhmann. *Revista da Faculdade de Direito da USP*, São Paulo, v. 105, p. 561-593, jan./dez. 2010.

VILLAS BÔAS FILHO, Orlando. Ancient Law: um clássico revisitado 150 anos depois. *Revista da Faculdade de Direito da USP*, São Paulo, v. 105, p. 533-566, jan./dez. 2011/2012.

VILLAS BÔAS FILHO, Orlando. Ce que la sociologie juridique de l'Amérique Latine doit à André-Jean Arnaud: l'exemple de l'analyse de l'expérience du Mercosur dans le cadre de son étude de la gouvernance. In: CAPELLER, Wanda; COMMAILLE, Jacques; ORTIZ, Laure (Dir.). *Repenser le droit*: hommage à André-Jean Arnaud. Paris: LGDJ, 2019. p. 101-110.

VILLAS BÔAS FILHO, Orlando. Communication. In: ARNAUD, André-Jean (Dir.). *Dictionnaire de la globalisation*. Droit, science politique, sciences sociales. Paris: Librairie Générale de Droit et de Jurisprudence, 2010. p. 69-72.

VILLAS BÔAS FILHO, Orlando. Da ilusão à fórmula de contingência: a justiça em Hans Kelsen e Niklas Luhmann. In: PISSARRA, Maria Constança Peres; FABBRINI, Ricardo Nascimento (Coord.). *Direito e filosofia*: a noção de justiça na história da filosofia. São Paulo: Altlas, 2007. p. 129-150.

VILLAS BÔAS FILHO, Orlando. Différentiation fonctionnelle. *In*: ARNAUD, André-Jean (Dir.). *Dictionnaire de la globalisation*. Droit, science politique, sciences sociales. Paris: Librairie Générale de Droit et de Jurisprudence, 2010. p. 144-148.

VILLAS BÔAS FILHO, Orlando. *Direito e sociedade na obra de Émile Durkheim*: bases de uma matriz sociológica para os estudos sociojurídicos. São Paulo: Editora Mackenzie, 2019.

VILLAS BÔAS FILHO, Orlando. Émile Durkheim e a análise sociológica do direito: a atualidade e os limites de um clássico. *Revista Eletrônica Direito e Sociedade*, vol.5, nº 2, p. 229-250, 2017.

VILLAS BÔAS FILHO, Orlando. O desenvolvimento dos estudos sociojurídicos: da cacofonia à construção de um campo de pesquisa interdisciplinar. *Revista da Faculdade de Direito da USP*, São Paulo, v. 113, p. 251-292, jan./dez. 2018.

VILLAS BÔAS FILHO, Orlando. O direito de qual sociedade? Os limites da descrição sociológica de Niklas Luhmann acerca do direito a partir da crítica antropológica. *In*: FEBBRAJO, Alberto; SOUSA LIMA, Fernando Rister; PUGLIESI, Márcio (Coord.). *Sociologia do direito*: teoria e práxis. Curitiba: Juruá, 2015. p. 337-366.

VILLAS BÔAS FILHO, Orlando. *O direito na teoria dos sistemas de Niklas Luhmann*. São Paulo: Max Limonad, 2006.

VILLAS BÔAS FILHO, Orlando. O impacto da governança sobre a regulação jurídica contemporânea: uma abordagem a partir de André-Jean Arnaud. *Redes – Revista Eletrônica Direito e Sociedade*, v. 4, nº 1, p. 145-171, maio 2016.

VILLAS BÔAS FILHO, Orlando. Programmes. In: ARNAUD, André-Jean (Dir.). *Dictionnaire de la globalisation*. Droit, science politique, sciences sociales. Paris: Librairie Générale de Droit et de Jurisprudence, 2010. p. 431-434.

VILLAS BÔAS FILHO, Orlando. *Teoria dos sistemas e o direito brasileiro*. São Paulo: Saraiva, 2009.

VILLAS BÔAS FILHO, Orlando. Uma abordagem sociológica do pluralismo jurídico: a "teoria da polissistemia simultânea" de André-Jean Arnaud. *Quaestio Iuris*, v. 12, nº 2, p. 522-556, 2019.

VILLAS BÔAS FILHO, Orlando. Uma descrição sociológica das organizações na sociedade complexa: a reflexão de Giancarlo Corsi e Raffaele De Giorgi acerca do "sul da modernidade". Redes – *Revista Eletrônica Direito e Sociedade*, v. 8, nº 1, p. 159-179, abril 2020.

VILLAS BÔAS FILHO, Orlando. Uma teoria sociológica da justiça: Niklas Luhmann e a justiça como fórmula de contingência. *Revista da Escola Superior da Procuradoria Geral do Estado*, São Paulo, v. 4, n. 1, p. 387-408, jan./dez. 2013.

VILLEY, Michel. *A formação do pensamento jurídico moderno*. Tradução de Claudia Berliner. São Paulo: Martins Fontes, 2009.

WAMBIER, Teresa Arruda Alvim. *Controle das decisões judiciais por de recursos de estrito direito e de ação rescisória*. Brevíssima retrospectiva histórica para desembocar no Estado de Direito, no direito codificado e na tripartição das funções dos poderes (O princípio da legalidade e a necessidade de motivação das decisões). São Paulo: Revista dos Tribunais, 2001.

WEBER, Alain. Pratiques: danse avec les juges. In: BARANÈS, William; FRISON-ROCHE, Marie-Anne (Dir.). *La justice*: obligation impossible. Paris: Les éditions autrement, 1994, p. 187-192.

WEBER, Max. Economia e società, Milano: Edizioni di Comunità, 1968.

WEBER, Max. *Economía y sociedad:* esbozo de sociología comprensiva. José Medina Echavarría et. al. México: Fondo de Cultura Económica, 2002.

WEINREB, Lloyd L. *Natural law and justice*. Cambridge, Massachusetts: Harvard University Press, 1987.